Ulrich Vossebein

Marketing

INTENSIVTRAINING

Der günstige Preis dieses Buches wurde durch
großzügige Unterstützung der

MLP Finanzdienstleistungen AG Heidelberg

ermöglicht, die sich seit vielen Jahren als Partner der
Studierenden der Wirtschaftswissenschaften versteht.

Als führender unabhängiger Anbieter von Finanzdienstleistungen für akademische Berufsgruppen fühlt
sich MLP Studierenden besonders verbunden. Deshalb
ist es MLP ein Anliegen, Studenten mit dem
℗ **MLP** REPETITORIUM Informationen zur Verfügung zu
stellen, die ihnen für Studium und Examen großen
Nutzen bieten, der sich schnell in Erfolg umsetzen läßt.

MLP REPETITORIUM

Ulrich Vossebein

Marketing

INTENSIVTRAINING

3. AUFLAGE

REPETITORIUM WIRTSCHAFTSWISSENSCHAFTEN

HERAUSGEBER: VOLKER DROSSE | ULRICH VOSSEBEIN

PROF. DR. ULRICH VOSSEBEIN lehrt Allgemeine Betriebswirtschaftslehre
und Marketing an der Fachhochschule Gießen-Friedberg.
Er ist darüber hinaus als Unternehmensberater in den Bereichen
Qualitätsmanagement und strategisches Marketing tätig.

1. Auflage September 1997
2., überarbeitete Auflage Februar 2000
3., überarbeitete Auflage September 2002

Die Deutsche Bibliothek–CIP-Einheitsaufnahme

Vossebein, Ulrich:
Marketing-Intensivtraining / Ulrich Vossebein. – 3., überarb. Aufl. – Wiesbaden: Gabler, 2002
(MLP-Repetitorium) (Repetitorium Wirtschaftswissenschaften)
ISBN 3-409-32614-6

Lektorat   Jutta Hauser-Fahr / Annegret Eckert
Umschlagkonzeption   independent, München
Gesamtherstellung   Lengericher Handelsdruckerei, Lengerich/Westf.

Printed in Germany
ISBN 3-409-32614-6

Vorwort zum Repetitorium Wirtschaftswissenschaften

Das Repetitorium Wirtschaftswissenschaften richtet sich an Dozenten und Studenten der Wirtschaftswissenschaften, des Wirtschaftsingenieurwesens und anderer Studiengänge mit wirtschaftswissenschaftlichen Inhalten an Universitäten, Fachhochschulen und Akademien. Es ist gleichermaßen zum Selbststudium für Praktiker geeignet, die auf der Suche nach einem fundierten theoretischen Hintergrund für ihre Entscheidungen in den Unternehmen sind.

In allen Bänden des Repetitoriums wird besonderer Wert auf Beispiele, Übersichten und Übungsaufgaben gelegt, die die Erarbeitung des jeweiligen Lernstoffs erleichtern und das Gelernte festigen sollen. Zur Sicherung des Lernerfolgs dienen auch die zahlreichen Tipps zur Lösung der Aufgaben, die vor einem Vergleich der eigenen Lösung mit der Musterlösung eingesehen werden sollten. Sie enthalten einerseits die Resultate der Musterlösungen und zum anderen Hinweise zum Lösungsweg.

In dieser dritten Auflage wurde eine kurze Einführung in den Bereich E-Commerce aufgenommen. Die restlichen Kapitel des Repetitoriums wurden einer kritischen Durchsicht unterzogen sowie bei Bedarf aktualisiert und ergänzt.

Für Anregungen, die der weiteren inhaltlichen und didaktischen Verbesserung des Repetitoriums dienen, sind wir dankbar.

Die Herausgeber

Volker Drosse   *Ulrich Vossebein*

Inhaltsverzeichnis

1 Marketing und Marketing-Management

1.1 Von der Absatzabteilung zum Marketing als Führungskonzept

Absatzpolitische Aspekte werden heutzutage sowohl in der Theorie als auch in der Praxis unter dem Begriff Marketing diskutiert, wobei die Inhalte des modernen Marketing weit über die der klassischen Absatzpolitik, die sich nur mit dem Einsatz und der Koordination der absatzpolitischen Instrumente beschäftigte, hinausgehen.

Während Absatzaktivitäten im weitesten Sinn bereits in frühester Zeit im Rahmen von Tauschaktivitäten vorzufinden waren, ist der Bereich Marketing eine relativ junge Disziplin. Die ersten Arbeiten zu diesem Thema wurden um die Jahrhundertwende in den USA veröffentlicht, wobei insbesondere die Arbeiten aus der 1882 gegründeten Wirtschaftswissenschaftlichen Fakultät an der Universität Wisconsin und der 1908 gegründeten Harvard Universität zu beachten sind. Die erste Vorlesung an einer Universität zum Thema Marketing wurde von Edward David Jones Anfang des zwanzigsten Jahrhunderts angeboten.

Fünfziger Jahre

In der Bundesrepublik Deutschland war der Begriff Marketing, der zunächst als marktorientierte Unternehmenspolitik grob beschrieben werden soll, in den fünfziger Jahren noch weitgehend unbekannt. Aufbau und Aufschwung beherrschten Wirtschaft und Gesellschaft. Das Hauptziel der Unternehmen war, durch eine Optimierung der (Massen-) Produktion den großen Nachholbedarf nach dem 2. Weltkrieg zu befriedigen. Diese Verkäufermärkte führten zu einer starken Produktions- und Distributionsorientierung der Unternehmen. Das Wiedererstarken der Markenartikel (z. B. Persil) sowie erste Ansätze zur Marktsegmentierung können als „Start des Marketing" angesehen werden. Marketing wurde hierbei in erster Linie als Distributionsfunktion angesehen, obwohl auch weitere absatzpolitische Instrumente - z. B. setzte sich die Printwerbung mehr und mehr durch - zum Einsatz kamen. Der Handel hatte durch die starke Stellung der Markenartikel (-industrie) in Verbindung mit der Preisbindung der zweiten Hand mehr eine Verteilerfunktion. Die für diesen Bereich wichtigsten wissenschaftlichen Veröffentlichungen waren die beiden ersten Bände der „Grundlagen der Betriebswirtschaftslehre" von Erich Gutenberg: „Die Produktion" (1951) und „Der Absatz" (1955). Hier wurde u.a. die doppeltgeknickte Preis-Absatz-Funktion abgeleitet. Die langsam wachsende Bedeutung des "Marketinggedankens" führte 1958 zur Gründung der Zeitschrift "Absatzwirtschaft".

Sechziger Jahre
Die sechziger Jahre waren durch die in vielen Bereichen überwundene Mangelwirtschaft, das Entstehen von Käufermärkten und das Auftreten erster internationaler Konkurrenten gekennzeichnet. Hierdurch wurde der Absatzbereich zu einem Engpassfaktor und Marketing zur wichtigsten Engpassfunktion. Durch die effizientere Steuerung des Außendienstes sowie durch eine veränderte Konditionen- und Distributionspolitik sollten verlorene Marktanteile zurückgewonnen werden. Die zunehmende Macht der Verbraucher führte zur Forderung nach einer konsequenten Orientierung an den Verbraucherbedürfnissen. Dies hatte zur Folge, dass die qualitativen Aspekte im Bereich der Absatz-/Marketingforschung durch die Berücksichtigung von psychologischen (z. B. Motivationsmodelle von Maslow oder Dissonanzmodell von Festinger) bzw. soziologischen Konsumentenverhaltenstheorien (z. B. Meinungsführermodell von Katz und Lazarsfeld bzw. Referenzgruppenmodell von Festinger) zur Erklärung des Entscheidungsverhaltens der Verbraucher stark in den Vordergrund traten. Ende der sechziger Jahre erschien die erste Ausgabe des Buches "Einführung in die Lehre der Absatzwirtschaft" von Robert Nischlag, Erwin Dichtl und Hans Hörschgen, die erste Ausgabe der Zeitschrift „Marketing Journal" wurde veröffentlicht und das erste Marketinginstitut in der Bundesrepublik Deutschland wurde an der Universität in Münster von Heribert Meffert gegründet.

Siebziger Jahre
Die größte Veränderung in den siebziger Jahren ergab sich durch das gesetzliche Verbot (1.1.1974) der Preisbindung der zweiten Hand und die hierdurch ermöglichten Preiskämpfen auf den Märkten. Die Stellung der (Markenartikel-) Industrie wurde 1978 erneut geschwächt, als die Han-

delskette "Deutscher Supermarkt" zum ersten Mal no names anbot. Der externe Anstoß zu einer stärkeren Betonung der strategischen Aspekte des Marketing waren die beiden Ölpreisschocks sowie die sich hieran anschließende Rezession. Das strategische Marketing wurde zum Kernstück einer langfristig an den Ressourcen und Potenzialen orientierten Unternehmenspolitik. Besonders großen Anklang fand in diesem Zusammenhang die von General Electric erstmals eingesetzte Portfolio-Analyse. Im Handel wurden Mitte der siebziger Jahre die ersten Ansätze zur Regal- und Layoutoptimierung diskutiert.

Achtziger Jahre

Die Elemente des strategischen Marketing wurden in den achtziger Jahren aufgrund der schwieriger werdenden Umweltbedingungen in immer mehr Industriezweigen aufgegriffen. Viele Märkte zeigten Sättigungstendenzen bzw. begannen bereits zu schrumpfen. Darüber hinaus hatte man mit einer Verknappung wichtiger Ressourcen, verstärkten Umweltauflagen und der Zunahme des internationalen Verdrängungswettbewerbs zu kämpfen. Eine wettbewerbsorientierte Vorgehensweise (aufbauend insbesondere auf den Arbeiten von Porter 1980, 1985) war in dieser Situation für viele Unternehmen die einzige Chance für ihr Weiterbestehen. Weitere Schwerpunkte der Marketingpraxis waren in dieser Zeit die Normierung und Standardisierung sowie die High-Tech-Orientierung. In Zusammenarbeit zwischen Unternehmen und Beratungsfirmen wurden erste Ansätze im Bereich Databasemarketing und DPR (direkte Produktrentabilität) erarbeitet. Die Möglichkeiten der Kommunikation wurden in den achtziger Jahren insbesondere durch die Einführung des Privatfernsehens in Deutschland geprägt, die zu einer deutlichen Ausdehnung der Sendekapazitäten führte.

Neunziger Jahre

Die zentralen Ereignisse Anfang der neunziger Jahren waren die deutsche Wiedervereinigung am 3. Oktober 1990 und die damit einhergehende Öffnung der osteuropäischen Staaten. Eine weitere weitreichende Veränderung der wirtschaftlichen und politischen Rahmenbedingungen ergab sich durch die Harmonisierung des europäischen Binnenmarktes (1993) und die zunehmende Anzahl der in der Europäischen Gemeinschaft integrierten Staaten. Ein Trend, der sich aufgrund der verbesserten Produktionsmöglichkeiten in den neunziger Jahren in vielen Bereichen durchgesetzt hat, ist die Rückkehr von der reinen Massenproduktion zur individuellen Gestaltung der Produkte. Durch den gezielten Einsatz von customized Marketing (individualisiertes Marketing) sollen spezifische Kundenwünsche erfüllt werden. Einen immer stärkeren Einfluß auf die Kaufentscheidungen gewannen auch die Umweltaspekte. Einerseits werden die Nachfrager in ihrem Verhalten umweltbewusster, andererseits nimmt die Anzahl der Umweltauflagen ständig zu. Revolutionäre Veränderungen ergaben sich durch die neuen Kommunikationsmedien, wobei die Themen Internet E-Commerce und E-Business nach der ersten Euphorie neu überdacht werden müssen (vgl. Kapitel 11).

1.2 Grundlegende Begriffe

1.2.1 Marketing

Die Durchsicht unterschiedlicher Marketingbücher zeigt, dass es keine einheitliche Definition des Begriffs Marketing gibt. Aufgrund der aufgezeigten Entwicklung der neunziger Jahre erscheint es sinnvoll, im weiteren mit folgender Begriffsdefinition zu arbeiten, wobei weniger die konkrete Formulierung als vielmehr die inhaltliche Seite im Vordergrund stehen sollte.

Marketing bedeutet marktorientierte Unternehmensführung.

Der Führungsaspekt bezieht sich hierbei auf zwei Bereiche (vgl. Abbildung 1.1).

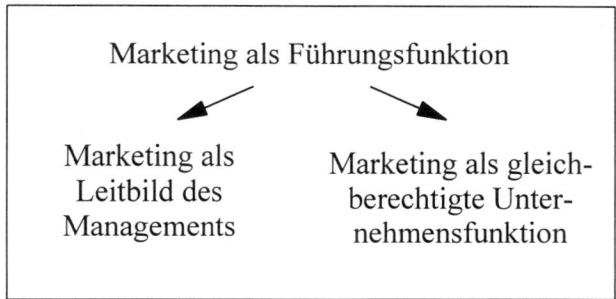

Abbildung 1.1: Die zwei Führungsebenen des Marketing

Marketing als Leitkonzept des Managements

bedeutet, dass die Unternehmensphilosophie die konsequente Ausrichtung aller Aktivitäten an den Erfordernissen und Wünschen der aktuellen und potenziellen Kunden fordert und dass alle Mitarbeiter - vom Top-Management bis zum Lehrling - diesem Leitgedanken bei ihren Aktivitäten folgen.

Marketing als Unternehmensfunktion

bedeutet, dass die Marketingabteilung - die diese Funktion in der Regel übernimmt - die Aufgabe hat, die Bedürfnisse und Wünsche der Nachfrager zu erfassen und durch entsprechende Angebote besser zu befriedigen, als dies der Konkurrenz gelingt. Die Abteilung Marketing ist hierbei gleichberechtigt neben den anderen Funktionsbereichen zu sehen, da nur ein aufeinander abgestimmtes Verhalten aller Unternehmensbereiche zur effizienten Erreichung der Unternehmensziele führen kann. Der häufig in der Literatur erwähnte Dominanzanspruch des Marketing trifft nur in den Fällen zu, in denen der Absatzbereich der zentrale Engpassfaktor des Unternehmens ist.

Eine etwas andere Vorgehensweise zur Konkretisierung des Marketing wählen Nieschlag, Dichtl, Hörschgen (Nieschlag et al. 1997, S.13), die drei Dimensionen des Marketing unterscheiden (vgl. Abbildung 1.2):

Abbildung 1.2: Dimensionen des Marketing

Marketing als Mittel

soll dazu eingesetzt werden, um ein Höchstmaß an Kundenzufriedenheit zu erreichen. Nur durch den gezielten Einsatz von (Marketing-) Instrumenten können langfristig Präferenzen bezüglich der eigenen Produkte aufgebaut werden. Das Instrumentarium des Marketing umfasst sowohl die strategische (Situationsanalyse, Ziel- und Strategieentwicklung) als auch die operative Ebene mit den unterschiedlichen Bereichen des Marketing Mix.

Marketing als Methode
bedeutet, dass zur Entscheidungsfindung stets die neuesten Methoden und Modelle mit einbezogen werden, wobei zunächst eine vollständige Analyse und Strukturierung der Problemstellung erfolgt. Hierbei werden gezielt Erkenntnisse aus Nachbarwissenschaften, wie zum Beispiel aus der Mathematik, der Psychologie oder den Ingenieurwissenschaften, in den Marketingbereich übertragen.

Der Erfolg der Marketingabteilung, bzw. der Personen die für das „Marketing" zuständig sind, hängt somit stark davon ab, inwieweit Marketing auch als Leitkonzept des Managements akzeptiert wird. Fehler, die im Rahmen der strategischen Unternehmensplanung gemacht werden, kann in der Regel auch eine Marketingabteilung nicht korrigieren. Unabhängig von der Branche gilt:

"Eine Marketingabteilung ersetzt keine marktorientierte Unternehmensführung!"

Weiterhin ist zu beachten, dass Marketing nicht nur nach außen, sondern auch nach innen wirken muss. Nur wenn sich die verschiedenen Abteilungen und Mitarbeiter als Lieferanten und Kunden verstehen und sich entsprechend kundenorientiert verhalten, können unternehmerische Spitzenleistungen erzielt werden.

Obwohl der Begriff Marketing in erster Linie mit Absatzmärkten in Verbindung gebracht wird, werden die Erkenntnisse und das Instrumentarium des Marketing auch in anderen Unternehmensbereichen eingesetzt, wie beispielsweise in der Beschaffung (Beschaffungsmarketing) oder im Personalbereich (Personalmarketing).

Eine nicht nur auf Unternehmen bezogene Definition des Begriffs Marketing verwenden Kotler und Bliemel (Kotler/Bliemel 1999, S. 15):

Marketing ist: „Ein Prozess im Wirtschafts- und Sozialgefüge, durch den Einzelpersonen und Gruppen ihre Bedürfnisse und Wünsche befriedigen, indem sie Produkte und andere Dinge von Wert erstellen, anbieten und miteinander austauschen".

Da im weiteren die typischen Instrumente eines unternehmensbezogenen Marketing dargestellt werden, soll dieser weiteren Sichtweise hier allerdings nicht gefolgt werden.

1.2.2 Güter

Güter lassen sich zunächst in freie und in wirtschaftliche Güter einteilen (vgl. Abbildung 1.3), wobei wirtschaftliche Güter folgende Kennzeichen haben, sie sind

- knapp, d. h., die Nachfrage ist größer als das Angebot,
- begehrt,
- technisch tauglich, einen bestimmten Nutzen zu stiften und
- verfügbar.

Diese Eigenschaften führen in einem marktwirtschaftlichen Wirtschaftssystem dazu, dass sich für diese Güter ein Marktpreis bildet. Die Eigenschaft „wirtschaftliches" Gut ist aber nicht in allen Fällen zeitlich konstant, sondern es ist durchaus möglich, dass wirtschaftliche Güter diesen Status wieder verlieren. Zu denken ist hierbei beispielsweise an den Bereich der Mode, in dem die Begehrtheit oft nur kurze Zeit andauert.

Zu den wirtschaftlichen Gütern gehören die materiellen und die immateriellen Güter, wobei die materiellen Güter aus drei Untergruppen bestehen.

- Konsumgüter
  Konsumgüter dienen Menschen zur Befriedigung ihrer Bedürfnisse, wobei sie diese Güter als Privatpersonen nachfragen. Man unterscheidet zwischen Verbrauchs- (z.B. Lebensmittel) und Gebrauchsgütern (z. B. Fernseher oder privat genutzte Automobile).

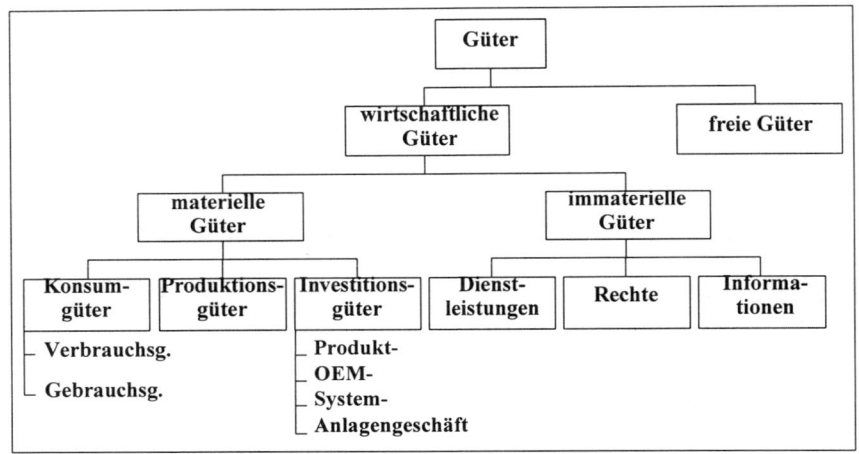

Abbildung 1.3: Systematik der Güter

- Investitionsgüter
  Investitionsgüter werden mit dem Ziel erworben, mit ihrer Hilfe Güter bzw. Dienstleistungen herzustellen. Es handelt sich hierbei um Potenzialfaktoren.
- Produktionsgüter
  Produktionsgüter werden ebenfalls zur Produktion von Gütern und Dienstleistungen benötigt, allerdings handelt es sich hierbei um Verbrauchsfaktoren (Rohstoffe, Hilfsstoffe und Betriebsstoffe).

Die Investitionsgüter lassen sich in Anlehnung an Backhaus (Backhaus 1995, S. 233 ff.) in vier Gruppen unterteilen, wobei als Klassifizierungskriterien der Kaufverbund und die Transaktionsform verwendet werden.

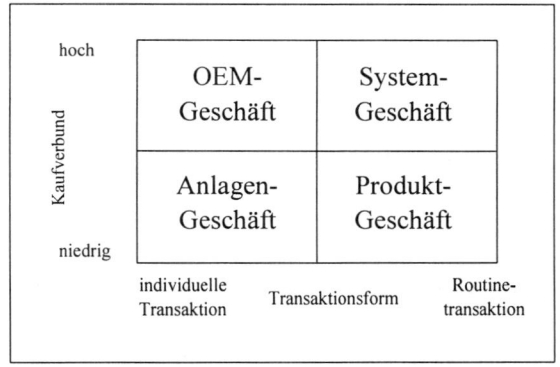

Abbildung 1.4: Klassifizierung von Investitionsgütern

8

Produktgeschäft

Das Produktgeschäft ist dadurch gekennzeichnet, dass es sich an einen weitgehend anonymen Markt richtet und kein Kaufverbund mit anderen Produkten oder Komponenten vorliegt. Es handelt sich hierbei um Einzelaggregate (z.B. Gabelstapler, Bohrmaschine oder Kopierer), die isoliert genutzt werden.

OEM-Geschäft

Beim OEM (Original Equipment Manufacturer, Erstausrüster) - Geschäft besteht ebenso wie beim Systemgeschäft ein hoher Kaufverbund, d.h., die gelieferten Komponenten sollen nicht isoliert sondern im Verbund mit anderen Komponenten genutzt werden. Typische Beispiele für diesen Geschäftsbereich findet man in der Automobilindustrie. Dort ist es üblich, dass die Bremsen, die Sitze oder auch das Cockpit von Zulieferfirmen komplett bezogen werden, um sie in die eigenen Fahrzeuge einzubauen. Diese Art des Geschäfts führt automatisch zu einer sehr engen und langfristigen Zusammenarbeit zwischen Lieferanten und Abnehmer.

Systemgeschäft

Hauptkennzeichen des Systemgeschäfts ist es, dass die Produkte im Verbund mit anderen Technologien genutzt werden sollen. Hierdurch gewinnt der Aspekt der Kompatibilität einen sehr großen Stellenwert, da das beste Produkt ohne Marktchancen ist, wenn seine Schnittstellen nicht so definiert sind, dass sie einen Verbund mit anderen Systemelementen ermöglichen. Beispiele für das Systemgeschäft findet man z. B. in der Computerindustrie, der Telekommunikation oder auch im Bereich der CIM-(Computer Integrated Manufacturing) Systeme.

Anlagengeschäft

Von einem Anlagengeschäft spricht man, wenn ein Anbieter oder eine Gruppe von Anbietern ein kundenindividuelles Hard-/Software-Bündel liefert, mit dessen Hilfe weitere Güter hergestellt werden sollen. Es handelt sich hier zum Beispiel um Fabriken, Meerwasserentsalzungsanlagen oder um einen Flugplatz. Anlagengeschäfte sind in der Regel Einzelfertigungen mit einer hohen Wertdimension, die häufig von einem Verbund von Unternehmen abgewickelt werden.

Immaterielle Güter

Immaterielle Güter sind in erster Linie Dienstleistungen, Rechte und Informationen. Man kann diese Güterart zum Beispiel danach gliedern, ob es sich um eine Kerndienstleistung eines Unternehmens, wie zum Beispiel die Arbeit eines Friseurs, die Hauptaktivitäten von Banken und Versicherungen etc., oder um Zusatzleistungen, zum Beispiel der Zustelldienst eines Möbelherstellers, die Einrichtung einer Maschine durch den Hersteller bzw. den 24-Stunden-Service beim Kauf eines hochwertigen Rechners, handelt. Ein Hauptmerkmal vieler Dienstleistungen ist es, dass sie in Interaktion mit dem Kunden (Friseur, Abschluss eines Bankkredits etc.) entstehen, wodurch sich besondere Anforderungen an die Produktpolitik ergeben.

1.2.3 Markt

1.2.3.1 Unterschiedliche Marktabgrenzungen

Unter einem Markt versteht man generell den realen oder den imaginären Ort, an dem Angebot und Nachfrage nach bestimmten Gütern und Dienstleistungen zusammenkommen. Zur Bestimmung der Markt- bzw. Nachfragegröße wurden in der Literatur verschiedene Ansätze gewählt. Kotler/Bliemel (Kotler/Bliemel 1999, S. 219 ff) unterscheiden beispielsweise folgende Marktgrößen, wobei sie einen Markt als die Gesamtheit aller möglichen Käufer eines Produktes ansehen (vgl. Beispiel 1.1).

Beispiel 1.1: Marktabgrenzungen

Ausgehend von der Gesamtbevölkerung soll der Zielmarkt bzw. der penetrierte Markt bestimmt werden. Hierzu muss zunächst überlegt werden, welche Einschränkungen auftreten können. Für den Automobilbereich kann dies - wie in Abbildung 1.5 aufgezeigt - erfolgen.

Es wird deutlich, dass es eine Vielzahl von Einflussfaktoren gibt, die den Kauf der eigenen Produkte verhindern können. Für das Unternehmen ist es wichtig, dass es genaue Informationen darüber hat, in welchen Bereichen eine Einschränkung des Marktes erfolgt, um entsprechende Gegenmaßnahmen ergreifen zu können.

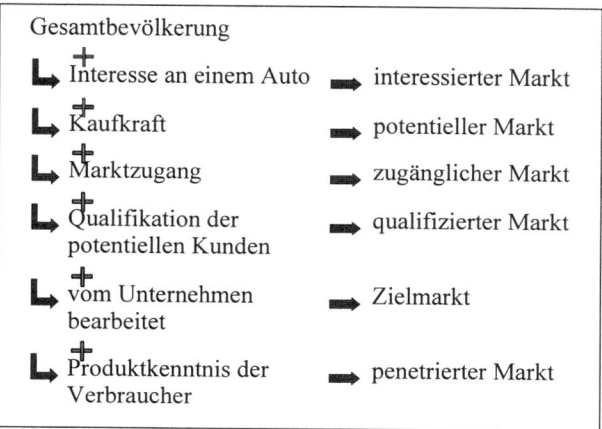

Abbildung 1.5: Unterschiedliche Marktabgrenzungen

Der Zugang zu einem Markt könnte beispielsweise durch gesetzliche Verbote verhindert sein oder die potenziellen Kunden haben keine Möglichkeit, ihren Kaufwunsch zu äußern. Die Einschränkung des Marktzugangs konnte in vielen Bereichen durch das Internet stark verringert werden. Heutzutage ist es kein Problem, weltweit Produkte zu ordern bzw. über das Internet einen Einblick in das internationale Warenangebot zu erhalten. Dass die Industrie erfolgreich die Einführung einer Nachfragerqualifikation für den Markteintritt bekämpfen kann, zeigt die Waffengesetzgebung in den U.S.A. Dort sind in vielen Bundesstaaten bisher alle Versuche gescheitert, den Waffenkauf bzw. -besitz von einer Mindestqualifikation der Käufer abhängig zu machen

1.2.3.2 Gesamt- bzw. Marktnachfrage

Die Gesamtnachfrage bzw. Marktnachfrage ist das Gesamtvolumen

- eines bestimmten Produkts,

- das von einer spezifischen Kundengruppe,
- in einem spezifischen geographischen Gebiet,
- innerhalb eines spezifischen Zeitraums,
- in einem spezifischen Marketingumfeld und unter
- Einsatz eines spezifischen Marketingprogramms der Anbieter

gekauft werden könnte (Kotler/Bliemel 1999, S. 222).

Diese Definition macht deutlich, dass die Gesamtnachfrage nach einem Produkt keine absolute Zahl ist, sondern anhand der Marktreaktionsfunktion oder Marktnachfragefunktion in Abhängigkeit der oben genannten Einflussfaktoren jeweils neu bestimmt werden muss.

Weiterhin kann man erkennen, dass die Gesamtnachfrage durch den Marketingeinsatz der Anbieter beeinflussbar ist, auch wenn es natürliche Unter- und Obergrenzen gibt (vgl. Abbildung 1.6).

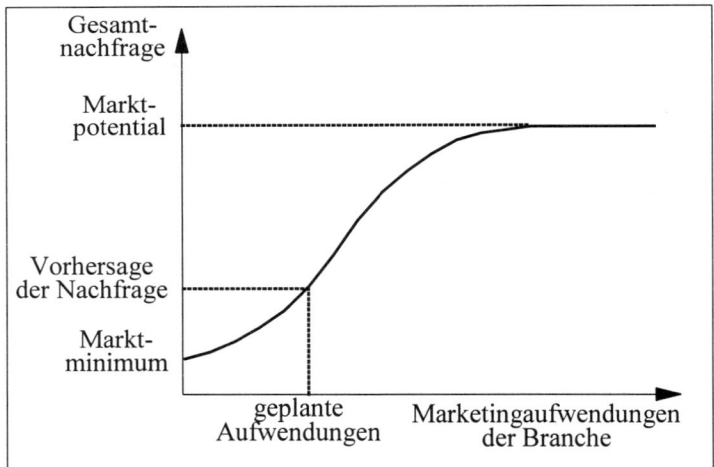

Abbildung 1.6: Marketingaufwand und Gesamtnachfrage

Auf der anderen Seite besteht aber auch ein Zusammenhang zwischen dem Marketingumfeld und der Gesamtnachfrage (vgl. Abbildung 1.7). Einerseits verringert sich in vielen Märkten in der Rezession die Gesamtnachfrage, andererseits kann man durch entsprechende Marketingmaßnahmen aber in jeder Marketingumwelt die Gesamtnachfrage in einem gewissen Bereich positiv beeinflussen.

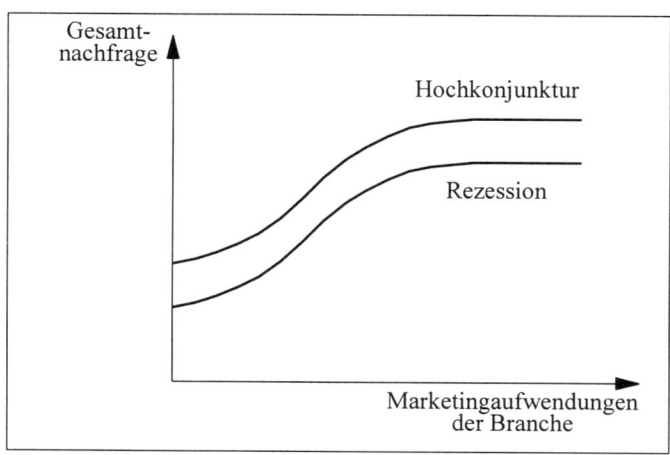

Abbildung 1.7: Marketingumfeld und Gesamtnachfrage

Die Ableitung der unternehmensspezifischen Nachfrage erfolgt, indem man die Leistungsfähigkeit der eigenen Marketingaktivitäten zu den gesamten Marketingaktivitäten der Branche ins Verhältnis setzt, da alle anderen Einflussfaktoren auf die Nachfrage für sämtliche Anbieter identisch sind.

1.2.3.3 Marktklassifizierung

Je nach Abgrenzungskriterium lassen sich Märkte unterschiedlich klassifizieren (vgl. Tabelle 1.1).

Tabelle 1.1: Marktklassifizierungen

Primäre Transaktionsrichtung	- Absatzmärkte
	- Beschaffungsmärkte
Objekte	- Konsumgütermärkte
	- Investitionsgütermärkte
	- Produktionsgütermärkte
	- Dienstleistungsmärkte etc.
Räumliche Abgrenzung	- lokale Märkte
	- regionale Märkte
	- nationale Märkte
	- internationale Märkte

Zeitbezogene Abgrenzung	- Vorsaisonmärkte
	- Hauptsaisonmärkte
	- Nachsaisonmärkte
Preisklassenbezogene Abgrenzung	- Billigpreismärkte
	- Mittelpreismärkte
	- Hochpreismärkte

Aufgrund der verschiedenen Einsatzgebiete ergeben sich Unterschiede zwischen Konsum- und Investitions- bzw. Produktionsgütermärkten, von denen die wichtigsten nachfolgend aufgeführt sind.

- Investitionsgüter werden von Organisationen und nicht von Privatpersonen gekauft. Hierdurch ergeben sich Unterschiede im Kaufprozess, auf die unter Gliederungspunkt 3.4 näher eingegangen wird.
- Die Nachfrage nach Investitionsgütern ist eine abgeleitete Nachfrage. Nur wenn sich die Märkte für die Güter, die mit den Investitionsgütern produziert werden sollen, positiv entwickeln, entsteht eine Nachfrage nach den Investitionsgütern.
- Auf Investitionsgütermärkten sind die internationalen Beziehungen in der Regel wesentlich intensiver als auf Konsumgütermärkten.
- Auf Investitionsgütermärkten herrscht eine hohe Transparenz, die meisten Anbieter und Nachfrager kennen sich.
- Leasing und andere Finanzierungsalternativen sind auf Investitionsgütermärkten wichtiger als auf Konsumgütermärkten, da die Produkte häufig sehr teuer sind.
- Auf Investitionsgütermärkten herrscht eine enge Verbindung zwischen Anbietern und Nachfragern. Oft werden die Kunden bereits bei der Produktentwicklung in den Innovationsprozess mit einbezogen.
- Im Investitionsgüterbereich wird das Angebot umfangreicher Serviceleistungen vom Kunden erwartet.
- Investitionsgüter weisen häufig eine hohe technische Komplexität auf, sind erklärungsbedürftig und wenig substituierbar.
- Investitionsgüter werden in vielen Fällen in Kleinserie oder als Einzelfertigung erstellt. Sie haben eine im Vergleich zu den meisten Konsumgütern lange Herstellungsdauer und unterliegen einem schnelleren technischen Wandel.

14

1.3 Der Marketing-Managementprozess

1.3.1 Aufgaben des Marketing-Managements

Die Aufgaben des Marketing-Managements werden üblicherweise in drei Bereiche unterteilt:

- marktbezogene Aufgaben,
- unternehmensbezogene Aufgaben und
- gesellschafts- und umweltbezogene Aufgaben.

Marktbezogene Aufgaben

Die marktbezogenen Aufgaben beziehen sich in erster Linie auf die Steuerung der Nachfrage, wobei es in bestimmten Fällen (z. B. Produktionsprobleme) durchaus auch notwendig werden kann, dass die Nachfrage bewusst gedrosselt wird. Neben der Durchdringung der angestammten Märkte müssen auch neue Marktchancen gesucht werden, wenn dies zur Erreichung der Marketingziele notwendig ist.

Unternehmensbezogene Aufgaben

Im Rahmen der unternehmensbezogenen Aufgaben muss das Marketing-Management versuchen, die aus ihrer Sicht notwendigen Aktivitäten im Unternehmen auch umzusetzen. Hierzu ist eine enge und vertrauensvolle Zusammenarbeit mit den anderen Funktionsbereichen, insbesondere mit der Entwicklungs-, der Produktions- und der Vertriebsabteilung, unabdingbar. Es macht wenig Sinn, wenn die Marketingabteilung Produkte mit einem sehr hohen Qualitätsstandard anbietet, sich später aber herausstellt, dass die Produktionsabteilung diese Anforderungen nicht erfüllen kann.

Gesellschafts- und umweltbezogene Aufgaben

Dieses Aufgabenfeld betrifft die soziale Verantwortung des Marketing-Managements. Hierunter fällt zum Beispiel der immer wieder aufkommende Vorwurf, durch den Einsatz von Marketinginstrumenten werden künstliche Bedarfe erzeugt bzw. die Kunden werden gezielt manipuliert. Die rechtlichen sowie die ethischen Grundsätze des Marketing verbieten aber den Einsatz von Instrumenten, die den Nachfrager unbewusst zu einem bestimmten Verhalten führt. Ein weiteres großes Problemfeld stellt die hohe Belastung der Umwelt dar. Viele Unternehmen sind deshalb schon dazu übergegangen, hohe Umweltschutzauflagen für ihr eigenes Unternehmen zu definieren, ohne dass sie hierzu gesetzlich verpflichtet sind.

1.3.2 Der Marketing-Managementprozess

Unabhängig von der konkreten Aufgabenstellung kann man den Marketing-Managementprozess, wie in Abbildung 1.8 dargestellt, beschreiben.

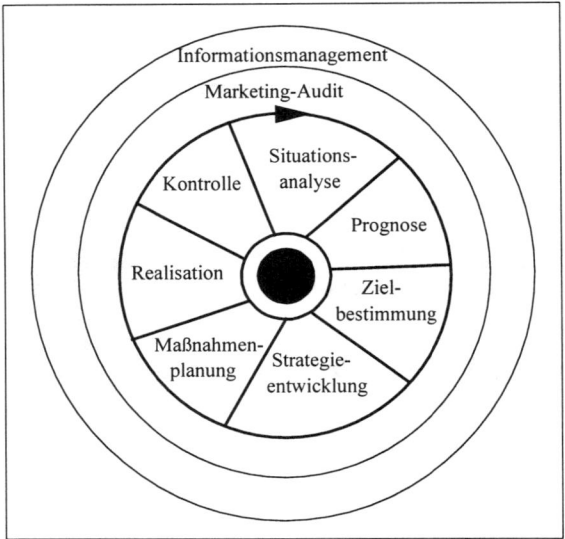

Abbildung 1.8: Der Marketing-Managementprozess

Zunächst muss im Rahmen der Situationsanalyse festgestellt werden, wo sich das Unternehmen zur Zeit befindet. Da es aber nicht ausreicht, dass die Marktkonstellationen heute positiv sind, sollte im nächsten Schritt eine Prognose der wichtigsten Variablen durchgeführt werden, um die zukünftigen Erfolgspotenziale nutzen, bzw. Gefahren frühzeitig ausweichen zu können. Auf der Basis der Situationsanalyse und der Prognose erfolgt die Zielbestimmung, wobei die Marketingziele aus den Unternehmenszielen abgeleitet werden. Liegen die Ziele fest, müssen Strategien entwickelt werden, mit deren Hilfe die Ziele erreicht werden können. Eine Marketingstrategie stellt somit einen globalen, in der Regel langfristig orientierten,

Plan dar, mit dessen Umsetzung das Erreichen der Unternehmens- bzw. Marketingziele sichergestellt werden soll. Im Rahmen der Maßnahmenplanung wird anschließend überlegt, wie die Strategien in Maßnahmen umgesetzt werden können. Der Unterschied zwischen Strategien und Maßnahmen läßt sich mit Hilfe eines Wortspiels leicht veranschaulichen:

Strategie: **Die richtigen Sachen machen. (Frage der Effektivität)**
Maßnahme: **Die Sachen richtig machen. (Frage der Effizienz)**

In der Phase der Realisation geht es um die konkrete Organisation und Durchführung der Maßnahmen. Das Marketing-Controlling kann man in einen operativen und einen strategischen Teil untergliedern. Das operative Marketing-Controlling umfasst die Ergebnis- und die Planfortschrittskontrolle, wohingegen das strategische Marketing-Controlling in die Bereiche Prämissen-, Ziel- und Strategie-, Maßnahmen- sowie Prozeß- und Organisations-Audit aufgeteilt werden kann. Auf die inhaltlichen Unterschiede wird unter Gliederungspunkt 9. ausführlich eingegangen. Alle Bereiche des Marketing-Managementprozesses sind aber nur dann effektiv und effizient durchführbar, wenn ein leistungsfähiges Informationsmanagement vorhanden ist.

Übungsaufgaben zum 1. Kapitel

Aufgabe 1.1:
Welche Dimensionen sind bei der Definition des Begriffs Marketing zu beachten?

Aufgabe 1.2:
Welche Güterarten kann man unterscheiden?

Aufgabe 1.3:
Worin besteht der Unterschied zwischen Konsumgüter- und Investitionsgütermärkten?

Aufgabe 1.4:
Aus welchen Elementen besteht der Marketing-Managementprozess?

2 Marktforschung

2.1 Aufgaben und Ziele der Marktforschung

Das Ziel der Marktforschung kann wie folgt beschrieben werden, wobei gleichzeitig eine Definition des Begriffs erfolgt:

Das Ziel der Marktforschung ist die systematische Suche, Erfassung, Analyse und Interpretation von Informationen, die für eine marktorientierte Unternehmensführung notwendig sind.

Der Informationsbedarf, der sich sowohl auf Absatz- als auch Beschaffungsmärkte bezieht, kann wie in Abbildung 2.1 zusammengefasst werden. Entscheidend ist hierbei, dass nicht nur externe, sondern auch interne Aspekte betrachtet werden, d. h. die Kundenorientierung auch innerhalb des Unternehmens als Handlungsmaxime umgesetzt wird.

Unternehmen	
Beschaffungsmärkte	Absatzmärkte
▪ Wer liefert ▪ was, ▪ wann, ▪ wo, ▪ in welchen Mengen, ▪ über welche Kanäle, ▪ zu welchen Preisen, ▪ zu welchen Bedingungen?	▪ Wer benötigt ▪ was, ▪ wann, ▪ wo, ▪ in welchen Mengen, ▪ über welche Kanäle, ▪ zu welchen Preisen, ▪ zu welchen Bedingungen, ▪ warum?

Abbildung 2.1: Der Informationsbedarf in einem marktorientierten Unternehmen

Eine Unterscheidung zwischen Markt- und Marketingforschung wird hier, im Gegensatz zu anderen Literaturstellen, nicht getroffen.

2.2 Durchführung einer Marktforschungsstudie

Die Aktivitäten, die im Rahmen einer Marktforschungsstudie notwendig sind, lassen sich in fünf Phasen unterteilen:

- Definitionsphase,
- Designphase,
- Feldphase,
- Analysephase,
- Umsetzungsphase.

Die einzelnen Phasen werden nachfolgend näher erläutert.

2.3 Definitionsphase

In der Definitionsphase muss zunächst die Problemstellung genau herausgearbeitet, operationale Erhebungsziele definiert und die Zielgruppe grob skizziert werden.

Beispiel 2.1: Definitionsphase einer Marktforschungsstudie

In einem Unternehmen tritt das Problem auf, dass die Absatzzahlen für das Produkt A deutlich zurückgegangen sind. Aus diesem Grund soll eine Marktforschungsstudie durchgeführt werden. Eine erste explorative Studie, die mit Hilfe von Sekundärmaterial durchgeführt wurde, zeigt, dass die einzig wesentliche Veränderung der Marketinginstrumente die neue Verpackung war. Aus diesem Grund werden folgende Erhebungsziele definiert:

1) Wieviel Prozent der Nachfrager präferieren die neue gegenüber der alten Verpackung?
2) Wie beurteilen die Stammverwender die neue Verpackung im Vergleich zu den Verpackungen der Konkurrenzprodukte?

Die Zielgruppe der Untersuchung sind die Produktverwender sowie die Verwender der Konkurrenzprodukte.

Das Ziel einer explorativen Studie ist die Gewinnung erster Erkenntnisse über die Problemstellung. Im Gegensatz hierzu können mit Hilfe deskriptiver Studien Zusammenhänge dargestellt, strenggenommen aber nicht erklärt, werden. Trotzdem sind die meisten Analysen in der Marktforschung deskriptive Studien, da die Kausalstudien, mit deren Hilfe Ursachen-Wirkungs-Zusammenhänge aufgezeigt werden können, in der Regel recht aufwendig sind.

2.4 Designphase

2.4.1 Auswahl der Informationsquellen

Bei der Auswahl von Informationsquellen muss eine Kosten-Nutzen-Analyse durchgeführt werden. Eine Information ist um so wertvoller, je besser folgende Kriterien erfüllt sind:

- Vollständigkeit,
- Verfügbarkeit,
- Reliabilität = Zuverlässigkeit,
- Validität = Gültigkeit,
- Sicherheit,
- Aktualität,
- Objektivität,
- Exklusivität.

Die Forderung nach Reliabilität bezieht sich auf die formale Genauigkeit der Messung. Dies bedeutet, dass bei einer Wiederholung der Informationsgewinnung unter den gleichen Rahmenbedingungen die Ergebnisse reproduzierbar sein müssen.

Von einem validen Ergebnis spricht man, wenn die Messergebnisse den zu untersuchenden Sachverhalt tatsächlich beschreiben und die inhaltlichen Informationen genau das widerspiegeln, was man messen wollte.

Beispiel 2.2: Reliabilität und Validität

Die Aufmerksamkeitsstärke der Verpackung von Produkt A soll mit Hilfe eines Tachistoskops, mit dessen Hilfe der Blick auf die Verpackung für eine genau festgelegte Zeitspanne freigegeben wird, getestet werden. Die angeschlossene Uhr zeigt an, dass jede Versuchsperson 1 Sekunde lang auf die Verpackungen sehen konnte. In diesem Fall ist die Reliabilität gegeben, da immer die gleiche Durchblickzeit angegeben wird. Arbeitet die Uhr korrekt, dann sind die Ergebnisse auch valide, da die Reaktion der Probanden nach einer Sekunde gemessen werden sollte. Ging die Uhr konstant falsch, dann sind die Ergebnisse zwar immer noch reliabel aber nicht mehr valide.

Unter der Sicherheit einer Information versteht man in diesem Zusammenhang die Wahrscheinlichkeit, mit der der Eintritt eines bestimmten Ereignisses prognostiziert werden kann. Man unterscheidet hierbei vier Situationen (vgl. Abbildung 2.2).

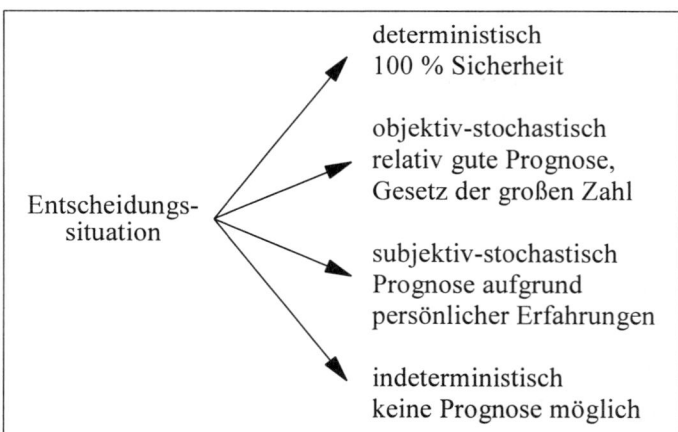

Abbildung 2.2: Alternative Entscheidungssituationen

Weiterhin ist zu diesem Zeitpunkt die Frage zu beantworten, ob eine Primär- oder eine Sekundärforschung durchgeführt werden soll. Von einer

Primärerhebung spricht man, wenn für eine konkrete Fragestellung eine neue Studie durchgeführt wird. Im Rahmen einer Sekundärstudie greift man dagegen auf bereits vorhandenes Material zurück. Die Vorteile der beiden Verfahren sind in Tabelle 2.1 zusammengefasst.

Tabelle 2.1: Die Vorteile der Primär- und der Sekundärforschung

Vorteile der Primärforschung	Vorteile der Sekundärforschung
- genau auf das Problem abgestelltes Untersuchungsdesign - Exklusivität - aktuelle Information - Vergleichbarkeit der Daten, da das Design genau bekannt ist	- schnelle Verfügbarkeit - Kosten

Nach der Entscheidung, ob eine Primär- oder Sekundärstudie durchgeführt wird, muss überlegt werden, ob die Studie selbst oder durch ein externes Institut durchgeführt werden soll. Die Vorteile der Eigen- bzw. der Fremdmarktforschung sind in Tabelle 2.2 aufgeführt.

Tabelle 2.2: Vorteile der Eigen- und der Fremdmarktforschung

Vorteile der Eigenmarktforschung	Vorteile der Fremdmarktforschung
- genaue Problemkenntnis	- bessere Methodenkenntnis
- umfangreiche Marktkenntnisse	- umfangreiche Ausstattung
- Geheimhaltung	- größere Objektivität
	- Kosten nur bei Leistungsanfall

2.4.2 Aufbau des Forschungsdesigns

Nachdem die Zielgruppe der Untersuchung genau festgelegt wurde, kann über die Wahl der Datenerhebung entschieden werden. Hierbei kann man zwischen der Befragung, der Beobachtung und dem Experiment wählen.

Befragung
Die Datenerhebung mit Hilfe einer Befragung kann auf unterschiedliche Weise erfolgen. Die häufigsten Formen sind hierbei die mündliche, die

schriftliche, die telefonische und die computergestützte Befragung. In Tabelle 2.3 werden die vier Befragungsmöglichkeiten anhand einiger Kriterien kurz charakterisiert.

Tabelle 2.3: Alternative Befragungsarten

Kriterium	schriftlich	telefonisch	mündlich face to face	computergestützt
Rücklaufquote	unterschiedlich	hoch	hoch	hoch
Beeinflussbarkeit durch Dritte	möglich	kaum möglich	kaum möglich	nicht möglich
Umfang der Befragung	mittelgroß	klein	groß	mittelgroß
Interviewereinfluss	nicht möglich	klein	groß	nicht möglich
Genauigkeit	gering	unterschiedlich	hoch	unterschiedlich
Zuverlässigkeit	unterschiedlich	relativ hoch	hoch	relativ hoch
Geschwindigkeit der Durchführung	relativ niedrig	hoch	niedrig	hoch
Kosten	niedrig	relativ niedrig	hoch	relativ niedrig
Erklärung der Fragen	nicht möglich	möglich	möglich	unterschiedlich

Beobachtung

Unter einer Beobachtung versteht man die visuelle oder instrumentelle Datenerhebung. Der Hauptunterschied zwischen der Beobachtung und der Befragung ist darin zu sehen, dass der Proband bei der Beobachtung keine Erklärung seines Handelns abgeben muss und die Möglichkeit besteht, das tatsächliche Verhalten zu erfassen. Problematisch ist in vielen Fällen aber, dass zwar das Verhalten erfasst, aber nicht erklärt werden kann. Aus diesem Grund werden häufig verschiedene Datenerfassungsmethoden kombiniert.

Beispiel 2.3: Beobachtung

Ein Hersteller möchte wissen, inwieweit seine Displays von den Kunden wahrgenommen werden. Nach längerem Überlegen entschließt er sich für eine Beobachtung in ausgewählten Geschäften. Hierdurch kann genau festgehalten werden, wie viele Kunden sich mit dem Display beschäftigt haben, von welcher Seite sie kamen, wie lange sie dort verweilten etc. Um auch die Gründe für das Verhalten der Kunden zu erfahren, lässt der Hersteller die Kunden befragen, nachdem sie ihre Waren bezahlt haben.

Experimente

Experimente werden durchgeführt, um den Einfluss einer oder mehrerer unabhängiger Variablen auf eine abhängige Variable zu überprüfen. Der Unterschied zu Befragungen und Beobachtungen ist darin zu sehen, dass die unabhängigen Variablen aktiv gesteuert und somit Ursachen-Wirkungs-Zusammenhänge hergestellt werden können. Experimente können sowohl im Labor, d. h. unter künstlichen Rahmenbedingungen als auch in der realen Umwelt als Feldexperimente durchgeführt werden. Laborexperimente haben den Vorteil, dass durch die starke Beeinflussbarkeit der Rahmenbedingungen tatsächliche Ursachen-Wirkungs-Zusammenhänge aufgezeigt werden können (interne Validität). Problematisch ist allerdings die Übertragbarkeit der Ergebnisse in die Realität (externe Validität). Bei der Durchführung von Feldexperimenten besteht dagegen die Gefahr, dass nicht alle Einflussfaktoren exakt erfasst und bei der Analyse der Ergebnisse berücksichtigt werden.

Nach der Festlegung der Erhebungsart muss in der Regel ein Fragebogen entwickelt werden, wobei die Frageformulierungen verständlich, eindeutig, nicht zu umfangreich und vom Probanden beantwortbar sein müssen. Weiterhin sollten weder Suggestivfragen gestellt noch implizite Annahmen getroffen werden. Die Frage: „Gefällt ihnen die Farbe und das Design der Verpackung", kann zum Beispiel von einem Probanden nicht eindeutig beantwortet werden, wenn ihm zwar das Design aber nicht die Farbe der Verpackung gefällt.

In Abhängigkeit von der Fragestellung weisen die Antworten unterschiedliche Skalenniveaus auf, die in Tabelle 2.4 kurz beschrieben sind.

Tabelle 2.4: Skalenniveaus

Skalentyp	Nominal-skala	Ordinal-skala	Intervall-skala	Verhältnis-skala
empirische Operationen	Gleichheit und Un-gleichheit	zusätzlich: Rangfolge	zusätzlich: Bestimmung gleicher Intervalle, willkürlich festgelegter Nullpunkt	zusätzlich: Bestimmung gleicher Verhältnisse, natürlicher Nullpunkt
statistische Maßzahlen, Zusammen-hangsmaße (Beispiele)	Modus, Spannweite, Häufigkeiten, Kontingenz-koeffizient	zusätzlich: Median, Quartile, Rangkorrela-tionskoeffi-zient, etc.	zusätzlich: arithmetisches Mittel, Standardabweichung, Podukt-Moment-Korrelation, Regressionskoeffizient, etc.	zusätzlich: geometrisches Mittel, Variationsko-effizient
Beispiele	Autofarben, Berufe, etc.	Schulnoten, Härte von Mineralien, etc.	Kalenderdaten, Temperatur nach Celsius, Intelligenz-quotient etc.	Alter, Umsatz, Zeit, Preise, etc.

2.4.3 Bestimmung der Erhebungseinheiten

Eine weitere Aufgabe in der Designphase ist die Bestimmung der Erhebungseinheiten. In einem ersten Schritt muss überlegt werden, ob eine Voll- oder eine Teilerhebung durchgeführt werden soll. Der Vorteil der Vollerhebung liegt darin, dass kein Stichprobenfehler auftritt, wobei aber, wie später näher ausgeführt wird, auch bei dieser Erhebungsart Fehler nicht immer vermieden werden können. Aufgrund des hohen Aufwandes werden Vollerhebungen in der Markforschung aber nur dann durchgeführt, wenn die Grundgesamtheit lediglich aus wenigen Elementen besteht. Der Regelfall ist deshalb die repräsentative Teilerhebung bzw. Stichprobe. Einen Überblick über die üblichen Erhebungsformen in der Praxis gibt Abbildung 2.3

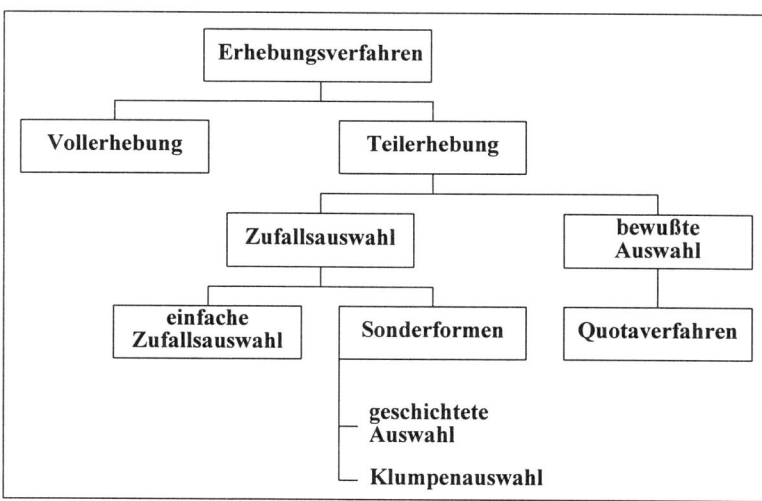

Abbildung 2.3: Erhebungsverfahren

Unter einer repräsentativen Stichprobe versteht man eine Stichprobe, auf deren Grundlage Aussagen über die Grundgesamtheit getroffen werden können. Von einer Zufallsauswahl spricht man, wenn jedes Elemente der Grundgesamtheit mit einer berechenbaren Wahrscheinlichkeit in die Stichprobe gelangen kann. Das bekannteste Beispiel der einfachen Zufallsauswahl ist die Lotterie. Dort werden die Stichprobenelemente direkt aus der Grundgesamtheit gezogen.

27

Bei der geschichteten Stichprobe wird die Grundgesamtheit zunächst in möglichst homogene Schichten eingeteilt und dann aus jeder Schicht eine bestimmte Anzahl von Elementen gezogen. Bei der proportionalen Schichtung entsprechen die Anteile in der Stichprobe denen in der Grundgesamtheit, wohingegen bei der disproportionalen Schichtung von der Verteilung in der Grundgesamtheit abgewichen wird. Liegen genügend Informationen vor, kann eine optimale Schichtung durchgeführt werden, d. h. bei einem vorgegebenen Stichprobenfehler wird der Umfang der Stichprobe minimiert. Der Vorteil der geschichteten Stichprobe liegt darin, dass der Stichprobenfehler kleiner als bei der einfachen Zufallsauswahl ist.

Von einer Klumpenauswahl spricht man, wenn die Grundgesamtheit in einem ersten Schritt in sogenannte Klumpen eingeteilt wird und anschließend zufällig einige Klumpen bestimmt werden. In jedem dieser Klumpen wird dann eine Vollerhebung durchgeführt. Jeder Klumpen sollte idealtypischerweise die gleiche Struktur wie die Grundgesamtheit aufweisen. Das Verfahren ist zwar billiger und schneller durchführbar als die geschichtete Stichprobe, der Stichprobenfehler liegt aber über dem der einfachen Zufallsauswahl.

Die häufigste Auswahlform in der Marktforschung ist das Quotaverfahren. Obwohl strenggenommen bei der Hochrechnung der Ergebnisse einer bewußten Auswahl auf die Grundgesamtheit keine statistischen Signifikanzen berechnet werden können, wird dies in der Praxis durchgeführt. Zahlreiche Analysen haben bestätigt, dass durch diese Vorgehensweise kein nennenswerter Fehler verursacht wird. Beim Quotaverfahren geht man davon aus, die Zielgruppe so gut zu kennen, dass durch eine Quotierung ein entsprechendes Abbild in der Stichprobe nachgebildet wird. Die größte Gefahr besteht somit darin, dass man eine falsche Vorstellung über die Struktur seiner Zielgruppe hat. Die Interviewer bekommen eine bestimmte Quotierung vorgegeben und müssen nur sicherstellen, dass sie am Ende der Erhebung diese Quote erfüllt haben.

Beispiel 2.3: Quota-Verfahren

Die Umfrage zur Überprüfung der Verpackungsgestaltung soll mit Hilfe des Quota-Verfahrens durchgeführt werden. Aufgrund der Kenntnisse des Herstellers wurde der in Tabelle 2.5 dargestellte Quotenplan entwickelt.

Tabelle 2.5: Quotierungsanweisung

Quotierungsmerkmal	Anteil in der Stichprobe
Geschlecht	50% weiblich
	50% männlich
Einkommen	35% bis DM 2.500
	35% bis DM 5.000
	30% über DM 5.000
Beruf	30% Angestellte
	40% Selbständige
	30% Beamte
Familienstand	20% ledig, ohne Kinder
	45% verheiratet, ohne Kinder
	35% verheiratet, mit Kindern

Wie bereits erwähnt, sind bei der Durchführung von Erhebungen unterschiedliche Fehlerquellen zu beachten:

- Zufallsfehler oder Stichprobenfehler,
- systematische Fehler.

Während der Zufallsfehler nur bei Teilerhebungen auftritt, kann ein systematischer Fehler auch bei Vollerhebungen die Ergebnisse der Analyse verfälschen. Mögliche Quellen eines systematischen Fehlers sind:

- Non-response-Fehler,
- Falschbeantwortung,
- Erfassungsfehler,
- Interviewerbias,
- technische Fehler,
- Interpretationsfehler.

Zur Begrenzung des Zufallsfehlers, kann der Umfang der Stichprobe anhand der vorgegebenen Vertrauensbereiche und des maximal tolerierten Fehlers bestimmt werden. Für den homograden Fall ergibt sich folgende Formel:

$$n = \frac{t^2 * p * q}{e^2}$$

n = Stichprobenumfang,
t = Vertrauensgrenze,
e = maximal zulässiger Fehler,
p = Anteilswert des Merkmals in der Grundgesamtheit,
q = Anteilswert des Gegenmerkmals in der Grundgesamtheit; p+q = 100.

Beispiel 2.4: Stichprobenumfang

Bei der Überprüfung der Verpackung soll das Stichprobenergebnis mit einer Wahrscheinlichkeit von 95,5 % nicht weiter als 3 % vom wahren Wert abweichen. Hieraus ergibt sich folgender Stichprobenumfang:

$$n = \frac{2^2 * 0,5 * 0,5}{0,03^2} = 1111,11$$

Es müssen 1112 Probanden gefragt werden. Der Wert 0,5 für p und q wird immer dann gewählt, wenn über die Verteilung der Merkmale in der Grundgesamtheit keine Information vorliegt.

2.5 Feldphase

In der Feldphase hat die durchführende Institution dafür zu sorgen, dass die in der Designphase festgelegte Vorgehensweise auch umgesetzt wird. Dies beginnt bei einer intensiven Schulung der Interviewer. Weiterhin ist eine ständige Kontrolle der Feldarbeit vorzunehmen, um frühzeitig auftretende Probleme lösen zu können. Darüber hinaus sollte eine kontinuierliche Datenerfassung und Datenanalyse erfolgen. Um spätere Rückfragen beantworten zu können, muss eine vollständige Dokumentation der Erhebung erfolgen.

2.6 Analysephase

Die Analysephase beginnt mit der Kodierung der erhobenen Informationen sowie dem Aufbau einer Datenbank. Anschließend erfolgt die eigentliche Analyse, in deren Verlauf uni-, bi- und multivariate Verfahren eingesetzt werden können.

2.6.1 Univariate Analyseverfahren

Univariate statistische Verfahren beziehen sich auf die Analyse einer einzelnen Variablen. In Tabelle 2.6 sind einige dieser Verfahren aufgeführt.

Tabelle 2.6: Univariate statistische Verfahren

Verfahren	Aussage
Absolute bzw. relative Häufigkeit	Anzahl bzw. Anteil der Elemente mit einer bestimmten Merkmalsausprägung
Verteilungsfunktion	kumulierte relative Häufigkeiten
Modus	Wert mit der größten relativen Häufigkeit
Median	50%-Wert, 50% aller Elemente haben eine Merkmalsausprägung die kleiner, 50% eine, die größer als der Median ist.
Arithmetisches Mittel	Mittel- bzw. Durchschnittswert
Spannweite	Differenz zwischen der größten und der kleinsten Merkmalsausprägung
Quartilsabweichung	durchschnittliche Abweichung vom Median
Standardabweichung	Wurzel aus der Varianz, durchschnittliche Abweichung vom arithmetischen Mittel

2.6.2 Bivariate Analyseverfahren

Wird nicht nur eine, sondern werden zwei Variablen zusammen analysiert, spricht man von bivariaten Verfahren. Die wichtigsten sind hierbei die

Kreuztabellierung, die Korrelations- und die Regressionsrechnung.

2.6.2.1 Kreuztabellierung

Bei der Kreuztabellierung werden die Ausprägungen zweier Variablen gegenübergestellt, so dass neben den univariaten Häufigkeitsverteilungen auch die bedingten Verteilungen berechnet werden können. Die Analysemöglichkeiten sind in Beispiel 2.5 anhand konkreter Werte dargestellt.

Beispiel 2.5: Kreuztabellierung

Aufgrund der Umfrage ergab sich folgender Zusammenhang zwischen der Bewertung der Verpackung und dem Beruf der Probanden (vgl. Tabelle 2.7).

Tabelle 2.7: Kreuztabellierung

	j = 1: Angestellte	j = 2: Beamte	$n_{i.}$
i = 1: gut	$n_{11} = 120$	$n_{12} = 170$	$n_{1.} = 290$
i = 2: mittel	$n_{21} = 180$	$n_{22} = 110$	$n_{2.} = 290$
i = 3: schlecht	$n_{31} = 200$	$n_{32} = 120$	$n_{3.} = 320$
$n_{.j}$	$n_{.1} = 500$	$n_{.2} = 400$	$n = 900$

Anhand von Tabelle 2.7 können unterschiedliche Fragestellungen beantwortet werden:

- Wie viel Prozent der Angestellten finden die Verpackung gut?
  $n_{11}/n_{.1} = 120/500 = 24\%$ der Angestellten bewerten die Verpackung mit gut.
- Wie viel Prozent der Probanden, die die Verpackung mittelmäßig bewertet haben, sind Beamte?
  $n_{22}/n_{2.} = 110/290 = 37{,}9\%$ der Befragten.
- Wie viel Prozent der Befragten bewerten die Verpackung mit gut?
  $n_{1.}/n = 290/900 = 32{,}2\%$ der Befragten.

- Wie viel Prozent der Befragten sind Beamte?

  n.₂/n = 400/900 = 44,44% der Befragten.

- Wie viel Prozent der Befragten bewerten die Verpackung mit gut und sind Beamte?

  n_{12}/n = 170/900 = 18,9% der Befragten.

2.6.2.2 Korrelationsrechnung

Bei der Korrelationsrechnung wird der Zusammenhang zwischen zwei Variablen untersucht. In Abhängigkeit vom Skalenniveau werden, wie bereits in Tabelle 2.4 aufgezeigt, verschiedene Zusammenhangsmaße berechnet. An dieser Stelle soll kurz der Korrelationskoeffizient nach Bravais-Pearson (Produkt-Moment-Korrelationskoeffizient) behandelt werden.

Der Produkt-Moment-Korrelationskoeffizient (r) wird wie folgt berechnet:

$$r = \frac{\sum (x - \bar{x})(y - \bar{y})}{\sqrt{\sum (x - \bar{x})^2 \sum (y - \bar{y})^2}}$$

$\bar{x}$ = Mittelwert von x

$\bar{y}$ = Mittelwert von y

Der Definitionsbereich von r liegt zwischen -1 und +1, wobei folgende Aussagen möglich sind:

- r = -1   d. h., es liegt ein starker negativer Zusammenhang zwischen den beiden Variablen vor. Steigt die eine Variable, fällt die andere.

- r = +1   d. h., es liegt ein starker positiver Zusammenhang zwischen den beiden Variablen vor. Steigt die eine Variable, denn steigt auch die andere und umgekehrt.

- r = 0   d. h., es liegt kein Zusammenhang zwischen den Variablen vor.

Die obigen Aussagen beziehen sich aber nur auf lineare Zusammenhänge. Nichtlineare Zusammenhänge können mit diesem Korrelationsmaß nicht aufgezeigt werden. Es bleibt auch ungeklärt, welche Variable die abhängige und welche die unabhängige Variable ist.

2.6.2.3 Regressionsrechnung

Bei der Regressionsrechnung, im Folgenden wird die lineare Regression nach der Methode der kleinsten Quadrate behandelt, muss zunächst angegeben werden, welche die abhängige und welche die unabhängige Variable ist. Dies ist keine Entscheidung die das Verfahren trifft, sondern die aufgrund von sachlogischen Aspekten getroffen wird. Anschließend kann man die Regressionskoeffizienten wie folgt bestimmen:

$$y' = a * bx$$

y' = theoretische Werte der abhängigen Variable
x = unabhängige Variable
$\bar{x}$ = Mittelwert von x
$\bar{y}$ = Mittelwert von y

$$b = \frac{\frac{1}{n}\sum xy - \overline{xy}}{\frac{1}{n}\sum x^2 - \bar{x}^2}$$

$$a = \bar{y} - b\bar{x}$$

Die Güte der Regression wird durch das Bestimmtheitsmaß (BKM) gemessen:

BKM = durch die Regression erklärte Streuung / Gesamtstreuung.

Beispiel 2.6: Lineare Einfachregression

Aus einer Untersuchung liegen folgende Werte vor:

34

Tabelle 2.8: Lineare Einfachregression

y	x	xy	x^2	y'
18	4	72	16	13,95
10	3	30	9	13,06
11	2	22	4	12,18
17	6	102	36	15,71
13	1	13	1	11,30
12	5	60	25	14,84
$\sum 81$	$\sum 21$	$\sum 299$	$\sum 91$	

$\bar{x}^* = 3,5$

$\bar{y}^* = 13,5$

Hieraus ergibt sich:

$$b = \frac{\dfrac{299}{6} - 3,5*13,5}{\dfrac{91}{6} - 3,5^2} = 0,884$$

$$a = 13,5 - 0,884*3,5 = 10,41$$

$$y' = 10,41 + 0,884x$$

$$BKM = \frac{\sum(y' - \bar{y})^2}{\sum(y - \bar{y})^2} = \frac{13,6582}{53,5000} = 25,5 \ \%$$

Graphisch ergibt sich folgendes Bild (vgl. Abbildung 2.4):

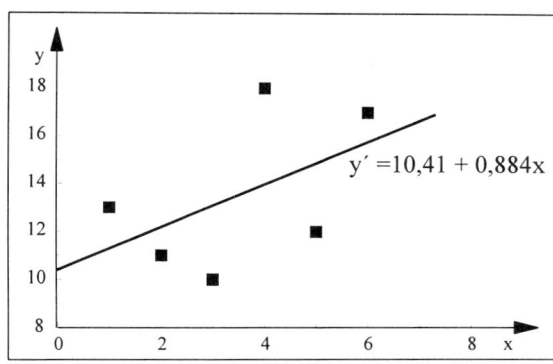

Abbildung 2.4: Lineare Einfachregression

2.6.3 Multivariate Analyseverfahren

Die multivariaten Analyseverfahren erlauben es, dass mehr als zwei Variablen gleichzeitig zur Erklärung bestimmter Fragestellungen herangezogen werden. Hierzu gehören u. a. die multiple Regressionsrechnung, die Varianz-, die Diskriminanz-, die Cluster- und die Faktorenanalyse sowie das Conjoint Measurement, auf die aber im Rahmen des Repetitoriums nicht näher eingegangen wird.

2.6.4 Induktive Statistik

Bevor die Stichprobenergebnisse auf die Grundgesamtheit übertragen werden, muss zunächst deren statistische Signifikanz überprüft werden. Vergleicht man die möglichen Ergebnisse der Stichprobe mit den theoretischen Gegebenheiten in der Grundgesamtheit, dann können vier Situationen unterschieden werden (vgl. Tabelle 2.9):

Tabelle 2.9: α- und β-Fehler

	H_0 gilt in der Grundgesamtheit	H_1 gilt in der Grundgesamtheit
Aufgrund der Stichprobe wird H_0 angenommen	richtige Entscheidung	Fehler 2. Art = β- Fehler
Aufgrund der Stichprobe wird H_1 angenommen	Fehler 1. Art = α- Fehler	richtige Entscheidung

H_0 = Nullhypothese, z. B., es besteht kein geschmacklicher Unterschied zwischen den Produkten A und B.

H_1 = Alternativhypothese, z. B., es besteht ein geschmacklicher Unterschied zwischen den Produkten A und B.

In Abhängigkeit von der zu überprüfenden Größe muss die entsprechende Testverteilung herangezogen werden, wobei immer H_0 gegen H_1 getestet wird.

α gibt hierbei das Signifikanzniveau an, d. h., die Wahrscheinlichkeit da-

36

für, dass das Stichprobenergebnis (H_1) nur zufällig ist und nicht die Gegebenheiten in der Grundgesamtheit (H_0) wiedergibt. In der Marktforschung spricht man bei einem $\alpha < 5\%$ von einem signifikanten, bei einem $\alpha < 1\%$ von einem hochsignifikanten Ergebnis.

2.7 Umsetzungsphase

In der Umsetzungsphase wird zunächst ein Bericht erstellt, der wie folgt zu gliedern ist:

- Zielsetzung und Design der Studie,
- Analyseergebnisse,
- Diskussion alternativer Handlungsmöglichkeiten,
- Empfehlung für das weitere Vorgehen.

Sollen die Ergebnisse präsentiert werden, hat der Vortrag den gleichen Aufbau. Wichtig ist, dass nicht nur Ergebnisse vorgestellt, sondern auch Empfehlungen für das weitere Vorgehen gegeben werden. Die Art und Weise der Präsentation ist stark vom Zuhörerkreis abhängig, über den man sich vorher genau informieren sollte.

2.8 Kundenmanagement

Das Kundenmanagement ist eine der zentralen Aufgaben des Marketing. Aus diesem Grund sollte einer der Schwerpunkte der Marktforschung auf der Erfassung des Zufriedenheitsgrads der aktuellen, potentiellen und ehemaligen Kunden liegen.

Das Kundenmanagement unterteilt sich in die vier Bereiche:

- Kundenzufriedenheitsmanagement
- Beschwerdemanagement
- Rückgewinnungsmanagement
- Neukundenmanagement

Auf die ersten beiden Punkte wird nachfolgend noch etwas näher eingegangen.

Das Rückgewinnungsmanagement beschäftigt sich mit den Kunden, die das Unternehmen verlassen haben. In vielen Unternehmen wird diesem Personenkreis viel zu wenig Aufmerksamkeit gewidmet, da häufig nicht mal bekannt ist, warum der Kunde seine Geschäftsbeziehung aufgelöst hat.

Die Bedeutung des Neukundenmanagements hat etwas an Bedeutung verloren, seit immer mehr Studien eindeutig belegen, dass Folgegeschäfte mit aktuellen Kunden viel günstiger sind als die Akquisition neuer Kunden. Trotzdem muss auch dieser Bereich intensiv analysiert werden, um neue Marktchancen frühzeitig erkennen und nutzen zu können.

2.8.1 Kundenzufriedenheitsmanagement

Das Kernstück des Kundenmanagements ist die Erfassung der Kundenzufriedenheit. In den letzten Jahren wurden eine Vielzahl von Verfahren entwickelt, mit deren Hilfe die Zufriedenheit der Kunden gemessen werden soll. In Abbildung 2.5 ist eine Struktur dieser Verfahren wiedergegeben, wobei lediglich die wichtigsten Ansätze aufgezeigt werden können. Die Frage nach dem „besten" bzw. dem „richtigen" Meßverfahren lässt sich nicht beantworten, da in der Praxis, in Abhängigkeit von der Kunden- und Geschäftsstruktur, unterschiedliche Ansätze miteinander kombiniert werden sollten.

Der Vorteil der objektiven Verfahren ist in der Objektivität ihrer Messung zu sehen. Umsätze, Marktanteile oder Wiederkaufsraten können in der Regel zeitnah und exakt bestimmt werden. Nachteilig ist allerdings, dass der direkte Rückschluss von einem gestiegenen Marktanteil auf eine höhere Kundenzufriedenheit nicht möglich ist. Beispielsweise könnte der Anbieter von Lieferproblemen bei der Konkurrenz oder von einer überdurchschnittlich guten Aktion profitiert haben. Denkbar wäre auch, dass Konkurrenten aus dem Markt gegangen sind, um sich auf ihre Kernkompetenzen konzentrieren zu können.

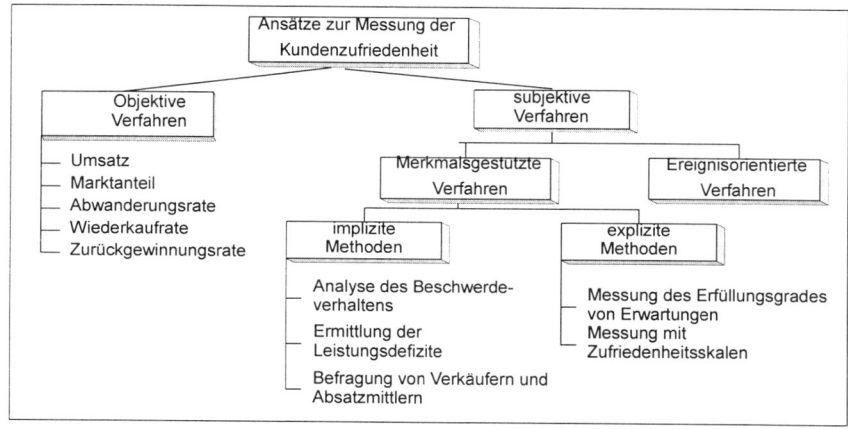

Abbildung 2.5: Messung der Kundenzufriedenheit

Die subjektiven Verfahren lassen sich in die merkmalsgestützten und die ereignisorientierten Verfahren untergliedern. Gemeinsam ist allen Verfahren, dass sie zwar eine direktere Messung der Kundenzufriedenheit zulassen, die Ergebnisse aber durch subjektive Interpretationsspielräume nicht immer interpersonell vergleichbar sind.

Die merkmalsgestützten Verfahren werden in der Regel eingesetzt, um über einen längeren Zeitraum eine zeitliche Entwicklung aufzeigen zu können. Unabhängig von einer konkreten Situation erfolgt die Erfassung der Zufriedenheit der Kunden mit Hilfe von vordefinierten Kriterien. Das bekannteste Beispiel hierfür ist das Deutsche Kundenbarometer.

Analysearten Kriterien	Merkmalsbezogene Verfahren	Ereignisbezogene Verfahren
Anlaß/ Zeitpunkt	- Vorwiegend ereignisunabhängig eingesetzt - Im regelmäßigen Turnus, z. B. 1 x pro Jahr	- Nach bestimmten Ereignissen wie Kauf, Reparatur, Service etc. - In unregelmäßigen Abständen
Inhalt	- Kriterienliste zur Kennzeichnung der wesentlichen Kunden-anforderungen/-erwartungen	- Bewertung der Kontaktpunkte mit dem Kunden (Blueprinting/ Sequentielle Ereignismethode/ Critical Incident Technique)

Abbildung 2.6: Subjektive Verfahren zur Messung der Kundenzufriedenheit

Stärker auf die Erfassung des aktuellen Eindrucks zielen die ereignisorientierten Verfahren (vgl. Abbildung 2.6). Unmittelbar mit dem Produkt- bzw. dem Dienstleistungserlebnis erfolgt eine Befragung der Kunden. Die Ergebnisse, die durch diese Vorgehensweise gewonnen werden, sind emotional stärker als die Resultate der merkmalsbezogenen Verfahren geprägt und liefern damit eine andere Qualität von Informationen.

2.8.2 Beschwerdemanagement

Die Ziele eines aktiven Beschwerdemanagements lassen sich in qualitative und in ökonomische Ziele untergliedern:

Qualitative Ziele:
- höhere Kundenloyalität
- Bildung von Markteintrittsbarrieren
- Keine negative Mund-zu-Mund-Propaganda

Ökonomische Ziele:
- Erhalt der langfristigen Wettbewerbsfähigkeit
- Erhöhung der Kundenrentabilität
- Senkung der Akquisitionskosten
- Reduzierung der Beschwerdebearbeitungskosten

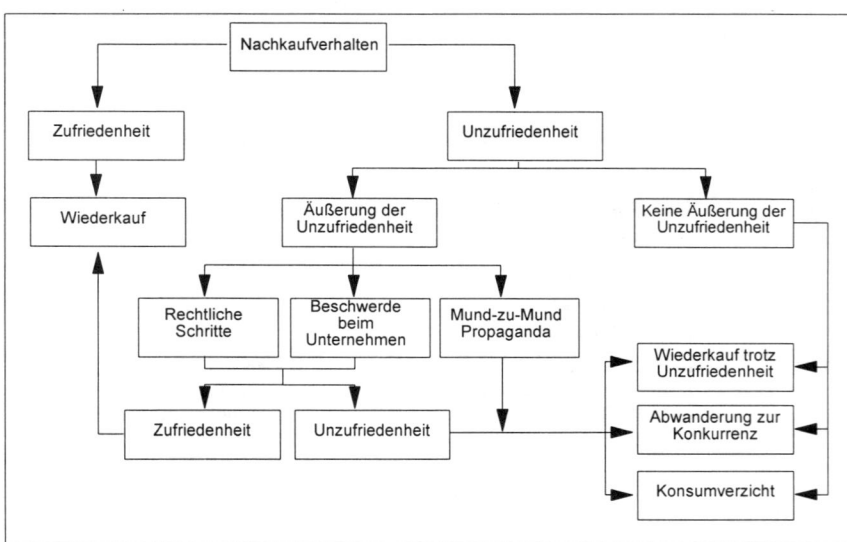

Abbildung 2.7: Nachkaufverhalten

40

In Abbildung 2.7 ist aufgezeigt, welche Reaktionen nach dem Kauf eines Produktes beim Kunden auftreten können, wobei vereinfacht davon ausgegangen wurde, dass es bei zufriedenen Kunden zum Wiederkauf kommt. Es wurde an anderer Stelle schon darauf hingewiesen, dass dieser Zusammenhang in der Praxis nicht zwangsläufig vorliegt.

Unzufriedenheit kann zu zwei unterschiedlichen Reaktionen führen. Einerseits kann der Kunde seine Unzufriedenheit äußern, indem er sich zum Beispiel beim Anbieter beschwert. Dieser Fall ist für das Unternehmen der günstigste, da es hier die Möglichkeit zur Reaktion erhält und die Chance besteht, dass der Kunde wieder zufriedengestellt wird. Eindeutig schlechter ist es, wenn der unzufriedene Kunde direkt rechtliche Schritte einleitet, beziehungsweise seine Unzufriedenheit gegenüber Dritten äußert. Umfangreiche Studien belegen leider, dass die Frequenz der negativen Mund-zu-Mund-Propaganda deutlich höher als die der positiven Mund-zu-Mund-Propaganda liegt.

Die häufigste Reaktion ist aber die Abwanderung zur Konkurrenz bzw. der Konsumverzicht. In diesen Fällen bemerkt das Unternehmen in der Regel erst mit einem zeitlichen Verzug, dass bestimmte Kunden verloren gegangen sind. Eine Rückgewinnung der Kunden ist in solch einer Situation nur sehr schwer möglich.

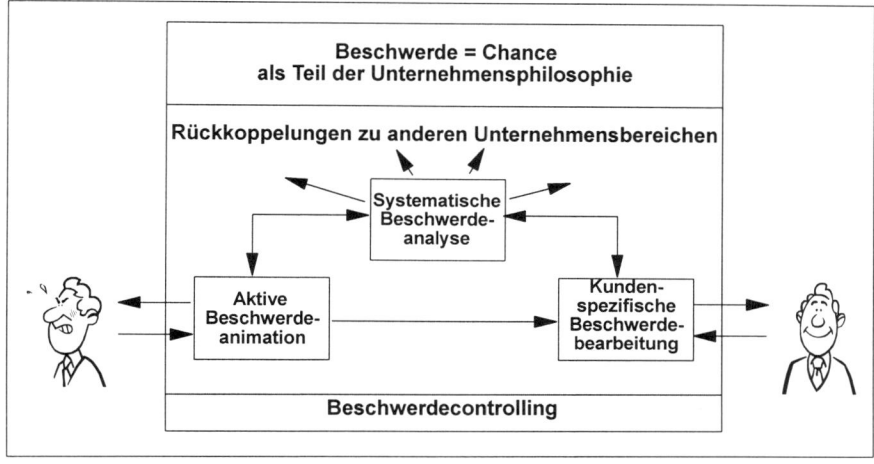

Abbildung 2.8: Aktives Beschwerdemanagement

Zur richtigen Nutzung der Beschwerden muss ein aktives Beschwerdemanagement aufgebaut werden. Hierzu gehören die in Abbildung 2.8 dargestellten Elemente.

Der wichtigste Baustein innerhalb des Beschwerdemanagements ist die Einsicht, dass Beschwerden Chancen und nicht etwas Negatives darstellen. Diese Sichtweise muss von den Führungspersonen vorgelebt werden, damit sie von allen Mitarbeiter übernommen werden kann. Problematisch an dieser Vorgehensweise ist, dass in den meisten Unternehmen Beschwerden bisher als Negativpunkte erfasst und teilweise sogar im Rahmen der Beurteilungsgespräche aufgeführt wurden.

Ein anderer Schwerpunkt liegt in der aktiven Beschwerdeanimation. Untersuchungen zeigen, dass sich die Mehrzahl der Kunden lieber verärgert von einem Anbieter abwenden, als sich mit einer Beschwerde an ihn zu richten. Es wird auch auf Kundenseite eine andere Einstellung zum Thema „Beschwerde" benötigt, um möglichst viele Anregungen für Verbesserungsprozesse zu erhalten.

Ist die Beschwerde erfasst, muss sie kundenbezogen bearbeitet werden. Auch wenn die internen Prozesse standardisiert sind, muss der Kunde immer den Eindruck haben, dass seine Beschwerde ernsthaft aufgenommen und individuell bearbeitet wurde.

Zur Nutzung der Lernpotenziale von Beschwerden, muss eine systematische Erfassung der Beschwerden erfolgen. Neben den Beschwerdeführern und den Verantwortlichen für die Beschwerdebearbeitung ist insbesondere der Beschwerdeanlass sowie die daraufhin erfolgte interne Reaktion zu vermerken. Nur mit Hilfe einer umfassenden Datenbasis können Prozessoptimierungen sinnvoll erfolgen.

Der letzte Baustein des aktiven Beschwerdemanagements ist das Beschwerdecontrolling. Erst wenn alle Aktivitäten mit Hilfe geeigneter Kennzahlen regelmäßig überprüft und verbessert werden können, kann sich der erhoffte Erfolg einstellen.

Übungsaufgaben zum 2. Kapitel

Aufgabe 2.1:

Welcher Informationsbedarf ergibt sich in einem marktorientierten Unternehmen?

Aufgabe 2.2:

In welche Phasen kann man den Prozess einer Marktforschungsstudie unterteilen?

Aufgabe 2.3:

Worin liegt der Unterschied zwischen Reliabilität und Validität?

Aufgabe 2.4:

Worin liegen die wesentlichen Unterschiede zwischen einer schriftlichen und einer mündlichen Befragung?

Aufgabe 2.5:

Was versteht man unter dem Quotaverfahren? Welche Voraussetzungen müssen erfüllt sein, damit dieses Verfahren angewendet werden kann?

Aufgabe 2.6:

Gegeben sind folgende Werte:

x	5	4	5	7	4	5
y	7	8	4	4	6	7

a) Berechnen und interpretieren sie den Produkt-Moment-Korrelations-koeffizienten.

b) Berechnen sie die lineare Regression $y = a + bx$ und interpretieren sie das Ergebnis.

c) Welche Aussage kann mit Hilfe des Bestimmtheitsmaßes getroffen werden?

Aufgabe 2.7:

Was versteht man unter statistischer Signifikanz?

Aufgabe 2.8:

Welche Elemente bilden das Kundenmanagement?

Aufgabe 2.9:

Worin liegt der Unterschied zwischen den ereignis- und den merkmalsori-
entierten Ansätzen zur Messung der Kundenzufriedenheit? Vergleichen sie
die beiden Vorgehensweisen miteinander.

Aufgabe 2.10:

Aus welchen Elementen besteht ein aktives Beschwerdemanagement?

3 Die Marketingumwelt

Bevor einzelne Bereiche der Marketingumwelt analysiert werden, soll zunächst ein Überblick über die verschiedenen Dimensionen dieses komplexen Untersuchungsgegenstandes gegeben werden. Zur Strukturierung der Aufgabenstellung wird in einem ersten Schritt eine Unterteilung in die Makro-, die Mikro- und die Innenwelt durchgeführt (vgl. Abbildung 3.1).

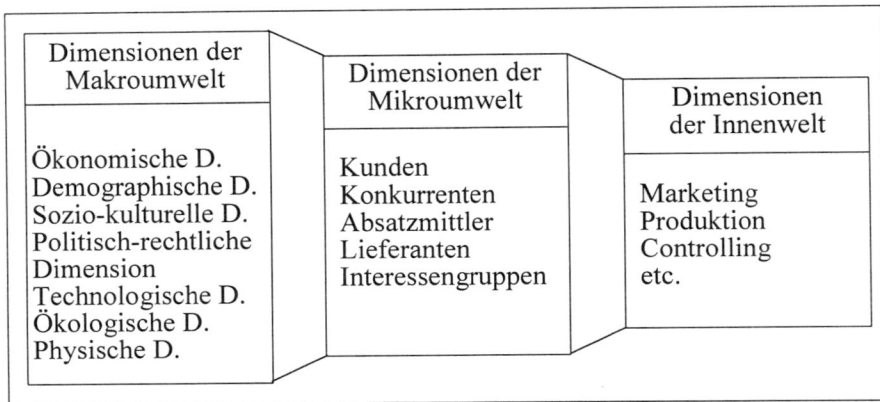

Abbildung 3.1: Die Marketingumwelt

Die Dimensionen der Makroumwelt legen die allgemeinen Rahmenbedingungen auf den Märkten fest. Sie können in der Regel weder vom Unternehmen noch von einzelnen Teilnehmern der Mikroumwelt gezielt beeinflusst werden, beeinflussen im Gegenzug aber die Entwicklung des Unternehmens und der Mikroumwelt.

Die Teilnehmer der Mikroumwelt bestimmen zwar teilweise den Erfolg des Unternehmens, im Gegensatz zur Makroumwelt besteht aber hier seitens des Unternehmens die Möglichkeit, durch gezielte Aktivitäten die Mikrowelt zu beeinflussen.

Die Analyse der Innenwelt ist insbesondere im Hinblick auf die realistische Einschätzung der eigenen Stärken und Schwächen sowie im Rahmen von Optimierungsmaßnahmen (Prozessoptimierung etc.) von Bedeutung.

3.1 Die Makroumwelt

Die Makroumwelt lässt sich in sieben Dimensionen gliedern (vgl. Abbildung 3.1), wobei in Einzelfällen Überschneidungen auftreten können.

Ökonomische Dimension

Sie bezieht sich auf die wirtschaftlichen Rahmenbedingungen und kann grob in die vier Bereiche:

a) allgemeine Wirtschaftslage (Bruttoinlandsprodukt, Kapazitätsauslastung, Beschäftigtenstand, Zinsniveau etc.),
b) Kaufkraftpotenzial (verfügbares Einkommen, Sparquote, Vermögensstand etc.),
c) erwartete Entwicklung (Auftragsbestände, gesamtwirtschaftliche Produktionsleistung, Investitions- und Konsumklima, staatliche Ausgabenprogramme, Zinsentwicklung, etc.) und
d) Auslandsbeziehungen (Wechselkurse, Terms of Trade, Kapitalverkehr etc.).

eingeteilt werden.

Demographische Dimension

Beispiel 3.1: Demographische Dimension

Zur Beschreibung der langfristigen Entwicklung des Käuferpotentials für ein hochwertiges Produkt soll eine Analyse durchgeführt werden. Hierzu wird der Vorschlag gemacht, zunächst die demographische Entwicklung zu untersuchen. Welche Informationen würden sie hierzu beschaffen?

In einem ersten Schritt ist die allgemeine Entwicklung der Bevölkerung festzustellen, was mit Hilfe der Bestandszahlen, den Geburten- und Sterberaten sowie der Zu- und Abwanderungsstatistik leicht zu machen ist. Da es sich um ein hochwertiges Produkt handelt, kommen nur bestimmte Bevölkerungsschichten als Kunden in Betracht, so dass zusätzlich ein Split nach Altersklassen, Einkommen und Vermögen sinnvoll erscheint. Weitere Möglichkeiten der Segmentierung sind beispielsweise die Aufteilung nach der Haushaltsgröße, der Anzahl der Kinder oder der Bildung.

Die meisten Informationen bezüglich der demographischen Dimension kann man den Bevölkerungsstatistiken, die von den statistischen Ämtern erstellt werden, entnehmen.

Ökologische Komponente

Beispiel 3.2: Ökologische Dimension

In einem Unternehmen wird über die Bedeutung ökologischer Aspekte für die Entwicklung der Produkte diskutiert. Während ein Kollege immer wieder die Schwierigkeiten durch die gesetzlichen Auflagen bemängelt, weist ein anderer Kollege darauf hin, dass für die Verbesserung der ökologischen Verträglichkeit von Produkten, Systemen oder Anlagen Vergünstigungen, wie beispielsweise Sonderabschreibungen oder Steuererleichterungen, genutzt werden können. Als wichtigsten Aspekt für das Marketing stellt der Marketingmanager die durch eine Ökologieorientierung veränderten Kaufgewohnheiten heraus, die bei immer größeren Bevölkerungskreisen zu beobachten sind.

Physische Dimension

Sie ist relativ leicht zu analysieren, obwohl auch hier zukunftsorientierte Fragestellungen auftreten. Die physische Dimension bezieht sich auf Aspekte wie Infrastruktur, klimatische Verhältnisse, Bodenverhältnisse, die Energieversorgung etc. Damit sind diese Faktoren insbesondere dann von Bedeutung, wenn neue Standorte gesucht werden. In einigen Ländern kann ein Engagement daran scheitern, dass dort nicht die zur Produktion notwendigen physischen Bedingungen vorliegen. Eine Abhilfe ist in diesen Fällen meistens teuer und zeitaufwendig.

Technologische Dimension

Die technologische Dimension umfasst Material-, Verfahrens- und Produktinnovationen. Neben den neuesten Entwicklungen müssen auch die

Komplementär- bzw. die Substitutionsbeziehungen zu bestehenden Materialien, Verfahren oder Produkten analysiert werden. Die Vergangenheit hat immer wieder gezeigt, dass durch Innovationen ganze Industrie- bzw. Dienstleistungszweige ihre Existenzgrundlage verlieren können. Zu denken ist hierbei beispielsweise an die Setzer durch das Aufkommen der PC-Technologie. Die größten Veränderungen in der Zukunft werden sich aber durch die rasanten Weiterentwicklungen der Kommunikationstechnologie ergeben (Internet, Homebanking, E-Business etc.).

Politisch-rechtliche Dimension

Unter der politisch-rechtlichen Dimension werden einerseits die politischen Aktivitäten, andererseits die Vielzahl der nationalen und internationalen Gesetze und Verordnungen zusammengefasst. Durch die Gesetze und Verordnungen sollen die ordnungspolitischen Rahmenbedingungen festgelegt werden, wobei der Wettbewerb möglichst reibungslos möglich sein soll, der Verbraucher vor unlauteren Geschäftspraktiken geschützt werden muss und das Verhältnis zwischen Ökonomie und Ökologie im Rahmen der gesellschaftlichen Ziele in etwa ausgeglichen sein sollte. Im Hinblick auf die Umsetzung von europäischem Recht in Landesrecht muss diese Dimension zur Zeit besonders intensiv bearbeitet werden. Selbst für Experten ist es manchmal nicht ganz einfach, sämtliche Angleichungen im Detail zu kennen.

Sozio-kulturelle Dimension

Beispiel 3.3: Sozio-kulturelle Dimension

In einem Marketingmeeting wird über die Bedeutung der sozio-kulturellen Dimension der Makroumwelt diskutiert. Einige Kollegen stehen auf dem Standpunkt, dass hierbei nur die generellen Grundwerte, Wertvorstellungen, Normen und Einstellungen einer Gesellschaft von Interesse sind. Andere wiederum meinen, dass auch die Subkulturen innerhalb einer Gesellschaft zu berücksichtigen sind, da dort deutliche Unterschiede beim Kaufverhalten auftreten können. Typische Beispiele hierfür sind der Spirituosenverbrauch oder die Verwendung von Weißwurst. Werden im Norden der Bundesrepublik Deutschland traditionell viele klare Spirituosen getrunken, liegt der

Schwerpunkt in Süddeutschland eindeutig im Bereich Weinbrand. Weißwürste werden in erster Linie in Bayern konsumiert, wohingegen sie im Norden kaum anzutreffen sind.

Unter den Begriff der Subkulturen fallen auch Gruppierungen, die sich in bestimmten Zeitgeistphasen bilden und die zum Teil einen sehr starken Einfluss auf das Konsumverhalten (Kleidung, Möbel, Autos, Freizeitverhalten etc.) und die Lebensziele großer Bevölkerungsgruppen haben. Beispiele hierfür sind die Hippies, die Skinheads, die Yuppies oder auch die Kosmopoliten.

3.2 Die Mikroumwelt

In der Mikroumwelt werden die Marktteilnehmer zusammengefasst, die einerseits die Aktivitäten und Ergebnisse eines Unternehmens stark beeinflussen, andererseits aber durch entsprechende Maßnahmen selbst durch das Unternehmen beeinflusst werden können. Unterschieden werden hierbei (vgl. Abbildung 3.1) die Kunden, die Konkurrenz, die Absatzmittler, die Lieferanten sowie die große Anzahl der Interessengruppen.

Auf die Auswahl der richtigen Absatzmittler wird unter Gliederungspunkt 6. Distributionspolitik ausführlicher eingegangen, so dass diese Gruppe hier nicht näher untersucht wird. Das gleiche gilt für die Beziehungen zwischen den Unternehmen und den Lieferanten, da dort in umgekehrter Richtung eine Kundenbeziehung vorliegt, so dass die Aussagen über das Kundenverhalten auch in diesem Zusammenhang vereinfacht angewendet werden können. Zu den Interessengruppen ist zu sagen, dass sie, man denke nur an die Verbraucherverbände, Stiftung Warentest oder den ADAC, aus der Sicht der Kunden in vielen Fällen eine sehr hohe Kompetenz bescheinigt bekommen und ihr Urteil für viele Verbraucher eine der wichtigsten Informationsquellen bei der Kaufentscheidung darstellt. Das Unternehmen kann zwar keinen direkten Einfluss auf die Ergebnisse eines unabhängigen Tests nehmen, es sollte aber immer darüber informiert sein, wann welcher Test gemacht wird, um sich entsprechend darauf vorbereiten zu können.

3.3 Individuelles Käuferverhalten

3.3.1 S-R-Modelle

Zur Erklärung des individuellen Käuferverhaltens kann man zwei unterschiedliche Wege gehen. Der **klassisch-behavioristische Ansatz** arbeitet mit dem S-R Modell (vgl. Abbildung 3.2).

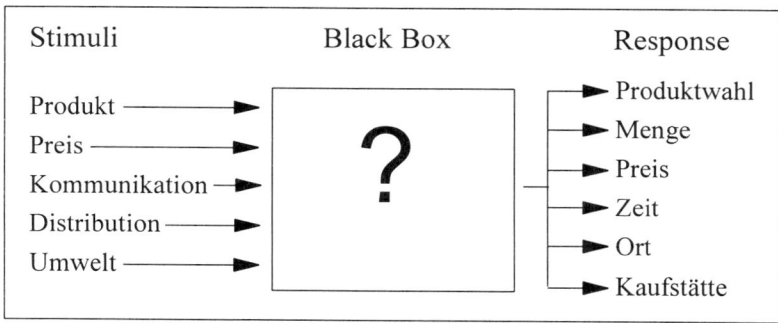

Abbildung 3.2: Das S-R Modell

Bei diesen sogenannten Black-Box-Ansätzen werden nur die messbaren Marketing- und Umwelteinflüsse und das Ergebnis betrachtet. Die psychischen Prozesse, die in Verbindung mit den exogenen Einflußfaktoren das Ergebnis bestimmen, werden dagegen vernachlässigt (Black-Box). Die hierbei ermittelten Marktreaktionsfunktionen beschreiben zwar das Marktgeschehen, liefern aber keinen Beitrag zu der Frage, warum ganz bestimmte Kaufhandlungen durchgeführt werden. Der bekannteste Ansatz dieser Vorgehensweise ist die Preis-Absatz-Funktion, sie gibt den Zusammenhang zwischen Preis und abgesetzter Menge wieder, ohne die psychischen Prozesse, die zu diesen Ergebnissen geführt haben, zu erfassen (vgl. auch Punkt 6.1.1.1).

3.3.2 S-O-R-Modelle

In den **neobehavioristischen Ansätzen** der S-O-R Modelle (vgl. Abbildung 3.3) wird versucht, die Abläufe in der Black-Box zu analysieren, um auch die Gründe für das Kaufverhalten erklären zu können.

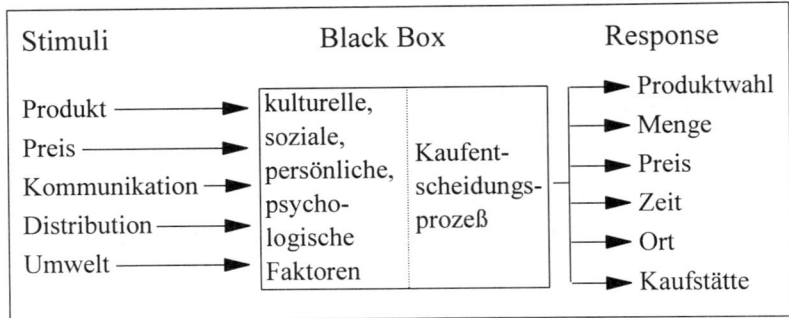

Abbildung 3.3: Das S-O-R Modell

Nachfolgend werden verschiedene Variablen zur Erklärung des Verhaltens kurz dargestellt (vgl. Abbildung 3.4).

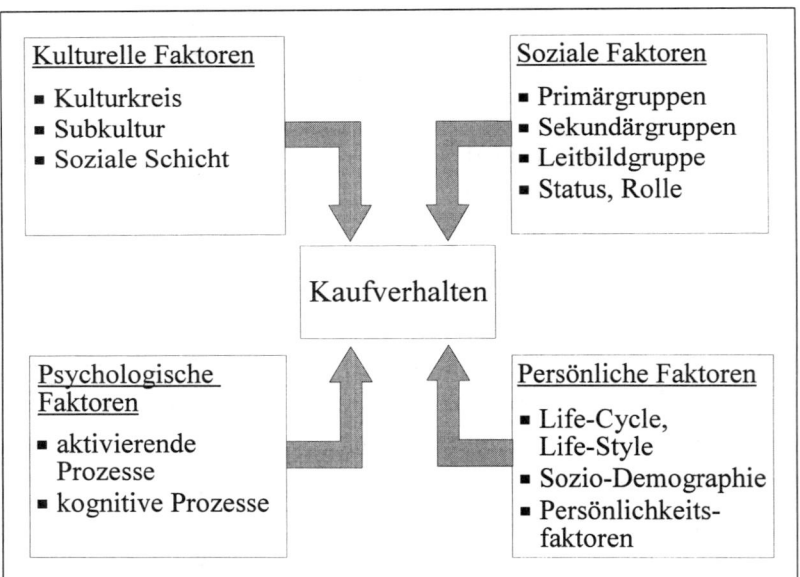

Abbildung 3.4: Einflußfaktoren auf das Kaufverhalten

(Sozio-) Kulturelle Faktoren

Sozio-kulturelle Faktoren bilden den äußersten Rahmen der für das individuelle Entscheidungsverhalten verantwortlichen Variablen. Hierunter fallen der Kulturkreis, der sich hauptsächlich in den grundsätzlichen Wertvorstellungen niederschlägt, die Subkulturen sowie die soziale Schicht.

Der Einfluß des Kulturkreises ist insbesondere im internationalen Marketing von großer Bedeutung. Es kann immer wieder festgestellt werden, dass Aktivitäten in anderen Kulturkreisen scheitern, weil man sich vorher nicht intensiv genug mit den Normen und Wertvorstellungen des anderen Kulturkreises auseinandergesetzt hat.

Beispiel 3.4: Farbgebung in unterschiedlichen Kulturkreisen
Anhand von zwei Farben soll aufgezeigt werden, wie Farben in verschiedenen Kulturkreisen völlig unterschiedlich interpretiert werden (vgl. Tabelle 3.1).

Tabelle 3.1: Farbgebung in unterschiedlichen Kulturkreisen

	Bedeutung in Brasilien	Bedeutung in Pakistan	Bedeutung in Österreich
Weiß	Friede Sauberkeit Reinheit	Trauer Nüchternheit Eleganz	Unschuld
Gelb	Freude Sonne Glück Neid Krankheit	Jungfräulichkeit Schwäche Ärger	Eifersucht

Unter einem gemeinsamen Kulturkreis können sich mehrere Subkulturen wiederfinden, die aus unterschiedlichen ethnischen, religiösen oder Stammesgruppen bestehen.

In der sozialen Schicht spiegelt sich die gesellschaftliche Position des Individuums wider. Üblicherweise unterscheidet man zwischen der Ober-, der Mittel- und der Unterschicht.

Soziale Faktoren
In der hier gewählten Systematisierung fallen unter die sozialen Faktoren die unterschiedlichen Bezugsgruppen, die einen Einfluss auf das Verhalten des Individuums ausüben (vgl. Abbildung 3.5).

```
┌─────────────────────────────────────────────────────────┐
│ Individuum                                                │
│                                                           │
│ ▪ Primärgruppen:    Familie, Freunde, Kollegen            │
│                     → persönliche Beziehung               │
│ ▪ Sekundärgruppen:  Verein, Verbände, Religions-          │
│                     gemeinschaften                        │
│                     → formeller Zusammenschluß,           │
│                       gemeinsame Ziele                    │
│ ▪ Leitbildgruppen:  Orientierung an Sportstars,           │
│                     Filmstars, etc.                       │
│                     → eine persönliche Mitglied-          │
│                       schaft ist nicht erforderlich       │
└─────────────────────────────────────────────────────────┘
```

Abbildung 3.5: Bezugsgruppen

Persönliche Faktoren

Die persönlichen Faktoren können in zwei Bereiche unterteilt werden. Auf der einen Seite geht die Beeinflussung von den sozio-ökonomischen Variablen, wie Alter, Einkommen, Bildung, Familienstand, Anzahl der Kinder, Beruf, Kreditrahmen, Sparneigung etc. aus. Gerade über das Alter bzw. den Lebensabschnitt ergeben sich automatisch ganz bestimmte Konsumverhaltensweisen.

Neben den sozio-ökonomischen Variablen spielt seit einigen Jahren in immer stärker werdenden Maße der Lebensstil eine wichtige Rolle bei den Konsumentscheidungen. Der Lebensstil eines Individuums äußert sich in dessen Aktivitäten, Interessen und Einstellungen. Zur Analyse der Lebensstile wurden und werden von unterschiedlichen Institutionen umfangreiche Untersuchungen durchgeführt, da man festgestellt hat, dass die Lebensstile nur bedingt mit den sozio-ökonomischen Variablen in Verbindung gebracht werden können. Häufig weisen Individuen aus ganz unterschiedlichen Berufs-, Einkommens- oder Familienstandsklassen über den gleichen Lebensstil ein in vielen Bereichen identisches Konsumverhalten auf. Zur Ansprache dieser Personengruppen müssen spezielle Kommunikationswege gewählt werden, um möglichst geringe Streuverluste hinnehmen zu müssen. Häufig wird deshalb in diesem Bereich auf Fachzeitschriften oder besondere Veranstaltungen zurückgegriffen. Bei sehr kleinen Zielgruppen sollten dagegen Direktmarketingaktivitäten durchgeführt werden.

3.3.3 Psychologische Faktoren

Die vierte Gruppe der Einflussfaktoren auf das individuelle Kaufverhalten sind die psychologischen Faktoren, die in die aktivierenden und die kognitiven Prozesse unterteilt werden können (vgl. Abbildung 3.6).

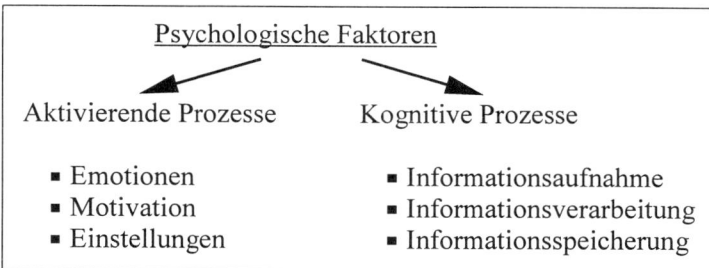

Abbildung 3.6: Psychologische Faktoren

3.3.3.1 Aktivierende Prozesse

Die Aktivierung stellt die Grunddimension für alle Antriebsprozesse dar, wobei ihre Stärke für die Wachheit, Reaktionsbereitschaft und Leistungsfähigkeit des Individuums verantwortlich ist. Die Leistungsfähigkeit bezieht sich in diesem Zusammenhang auf die Qualität und die Effizienz der kognitiven Prozesse.

Die aktivierenden Prozesse werden in der Regel in die Emotionen, die Motivation und die Einstellungen untergliedert.

Eng verbunden mit dem Begriff der Aktiviertheit ist das Konstrukt „Involvement".

Involvement

Unter Involvement versteht man den Aktivierungsgrad bzw. die Motivstärke zur objektgerichteten Informationssuche, -aufnahme, -verarbeitung und –speicherung (Trommsdorff: S. 50).

In Abhängigkeit vom inneren Bezug zur Problemlösung ergeben sich ganz unterschiedliche Verhaltensmuster, deren Kenntnis für das Marketing von großer Bedeutung sind, um die richtigen Marketingaktivitäten wählen zu können. In Tabelle 3.2 sind typische Unterschiede zwischen High- und Low-Involvement-Käufen gegenübergestellt (Trommsdorff: S. 51):

Tabelle 3.2: High- und Low-Involvement-Käufe

High-Involvement	Low-Involvement
Aktive Informationssuche	Passives Informationsverhalten
Markenbewertung vor dem Kauf	Keine Markenbew. vor dem Kauf
Viele Merkmale beachtet	Wenige Merkmale beachtet
Viel sozialer Einfluß	Wenig sozialer Einfluß
Optimierungsziel	Anspruchsniveauziel
Stark verankerte Einstellung	Gering verankerte Einstellung
Hohe Gedächtnisleistung	Geringe Gedächtnisleistung

Typische Beispiele für High-Involvement-Käufe sind Automobile, Häuser, Urlaubsreisen oder teurer Schmuck, wohingegen es sich bei Batterien, Mehl, Mineralwasser bzw. Streichhölzern in der Regel um Low-Involvement-Käufe handeln dürfte.

Es ist allerdings zu beachten, dass es in der Marketingpraxis nicht nur die Extremfälle gibt, sondern dass die meisten Käufe auf einer Zwischenstufe zwischen High- und Low-Involvement erfolgen.

Emotionen

Emotionen sind Erregungszustände der Psyche, die, entweder durch innere oder äußere Reize ausgelöst, als angenehm oder unangenehm empfunden und mehr oder weniger stark bewusst erlebt werden. Sie sind für das Problemlösungs- und Entscheidungsverhalten der Individuen von großer Bedeutung und durch ihre:

- **Stärke**, d. h. Intensität der Aktivierung,
- **Richtung**, d. h. angenehme oder unangenehme Reizempfindung und
- **Erlebnisinhalte**, d. h. Assoziationen durch die Reizaufnahme

gekennzeichnet.

Beispiel 3.5: Emotionen und Marketing

> Den Einsatz von Emotionen findet man in erster Linie im Bereich der Kommunikation. Beispielsweise wird Weinbrand als Sinnbild für Wohlbefinden, Fruchtsaft als Genusserlebnis, Zigaretten als Ausdruck von Freiheit und Abenteuer sowie Kosmetikartikel mit einer stark erotischen Ausstrahlung angepriesen.
>
> Zur Vermittlung solcher Erlebnisse können alle fünf Sinne angesprochen werden:
>
> - visuelle (Seh-),
> - akustische (Hör-),
> - haptische (Gefühls-),
> - olfaktorische (Geruchs-) und
> - gustatorische (Geschmacks-) Wahrnehmung.

Motivation

Motivation ist die Verbindung zwischen Emotionen und einer kognitiven Zielorientierung, anders ausgedrückt, kann man Motive auch als auf bestimmte Ziele ausgerichtete Gefühle bezeichnen. Hieraus abgeleitet lässt sich Motivation wie folgt definieren:

Motivation treibt das Handeln an (*aktivierende Komponente*) und richtet es auf ein bestimmtes Ziel aus (*kognitive Komponente*).

Beispiel 3.6: Motivation

> Verspürt eine Person Hunger, handelt es sich um einen emotionalen Erregungszustand. Hat die Person das Bedürfnis, diesen Hunger durch die Aufnahme ganz bestimmter Nahrungsmittel (kognitive Zielorientierung) zu beseitigen, spricht man von Motivation, den Hunger zu stillen.

Zur Klassifizierung von Motiven wurden unterschiedliche Konzepte entwickelt, wobei stellvertretend die Motiv- bzw. Bedürfnishierarchie von Maslow kurz erläutert wird (vgl. Abbildung 3.7).

Nach Maslow gibt es fünf unterschiedliche Hierarchiestufen von Motiven.

Abbildung 3.7: Die Bedürfnishierarchie nach Maslow

Die Frage, auf welcher Bedürfnisstufe sich ein Individuum oder eine Gesellschaft befindet, hängt sehr stark von deren wirtschaftlicher Leistungsfähigkeit und den politischen Rahmenbedingungen ab. Zunächst versucht man die physiologischen Bedürfnisse wie Hunger, Durst, Schlaf etc. zu befriedigen. Auf der nächsten Stufe steht die Frage nach der persönlichen Geborgenheit und der körperlichen Unversehrtheit im Vordergrund der Bemühungen. Sind auch diese Bedürfnisse befriedigt, geht es um die Erreichung sozialer Bedürfnisse, wie das Zugehörigkeitsgefühl, Liebe etc. Auf der vierten Stufe stehen Bedürfnisse wie Selbstachtung, Anerkennung und Status, wohingegen auf der höchsten Stufe die Selbstverwirklichung angestrebt wird.

Ein wichtiges Motiv bezüglich der Situation nach dem Kauf stellt das Harmoniestreben des Menschen dar. Häufig ist festzustellen, dass nach der Kaufentscheidung die Käufer darüber nachdenken, ob sie denn die richtige Entscheidung getroffen haben. Diese Phänomen ist Gegenstand der Theorie der **kognitiven Dissonanz**, die von Leon Festinger (1978) entwickelt wurde. Kognitive Dissonanzen können entstehen, wenn der Käufer durch zusätzliche Informationen seine eigene Kaufentscheidung nochmals überdenkt. Dieser Prozess kann durch Werbeanzeigen der Konkurrenz, Testberichte oder auch durch die Bewertung durch Freunde oder Bekannte initiiert werden. Der Anbieter muss versuchen, diesen Prozess erst gar nicht entstehen zu lassen, indem er beispielsweise den Käufern das Recht zum Umtausch oder eine Geld-zurück-Garantie einräumt.

Einstellung

Tritt zur Motivation die kognitive Beurteilung des Gegenstands hinzu, spricht man von Einstellungen. Einstellungen dokumentieren die subjektiv wahrgenommene Eignung eines Gegenstandes zur Befriedigung von Motiven. Sie können wie folgt charakterisieren werden:

- sie sind gegenstandsbezogen, d. h., es liegt ein eindeutiges Bezugsobjekt vor,
- sie sind das Ergebnis der Interaktion zwischen dem Individuum und seiner Umwelt, sie werden gelernt und
- sie können nicht nur unmittelbar, sondern auch mittelbar, durch Kommunikation mit Dritten oder durch Nachahmen, erworben werden.

Die Abhängigkeit von Einstellungen von der Motivation und der kognitiven Gegenstandsbeurteilung wird gut anhand eines Beispiels von Kroeber-Riel deutlich (Kroeber-Riel 1996: S. 163):

„Ein Konsument hat eine stark positive Einstellung zur Automarke Volvo. Diese geht darauf zurück, dass er (1) ein sicheres Auto kaufen will (Motivation) und (2) weiß, dass Volvo ein sicheres Auto ist (gespeicherte Produktbeurteilung).
Eine schwach positive Einstellung zu Volvo kann aufgrund dieser beiden Komponenten auf zwei Ursachen zurückgehen. Der Konsument kann einerseits wissen, dass Volvo ein sicheres Auto ist, aber er hat nur ein geringes Sicherheitsstreben, so dass ihm Volvo mangels Motivation ziemlich gleichgültig ist. Andererseits kann dieser Konsument motiviert sein, ein sicheres Auto zu kaufen (Motivation vorhanden), aber er beurteilt Volvo nicht als sicheres Auto."

Ein häufig im Zusammenhang mit der Einstellungsforschung genannter Ansatz ist die **Drei-Komponenten-Theorie**. Neben der kognitiven (Wissen über bzw. Bewertung des Einstellungsgegenstandes) und der affektiven (Gefühl gegenüber dem Einstellungsgegenstand) Komponente wird die konative bzw. intentionale (Tendenz, sich gegenüber dem Einstellungsgegenstand zu verhalten) Komponente eingeführt. Zwischen der Einstellung und der Verhaltensintention besteht somit ein direkter Zusammenhang, wohingegen die Verbindung Einstellung – Verhalten nur indirekt ist (vgl. Abbildung 3.8).

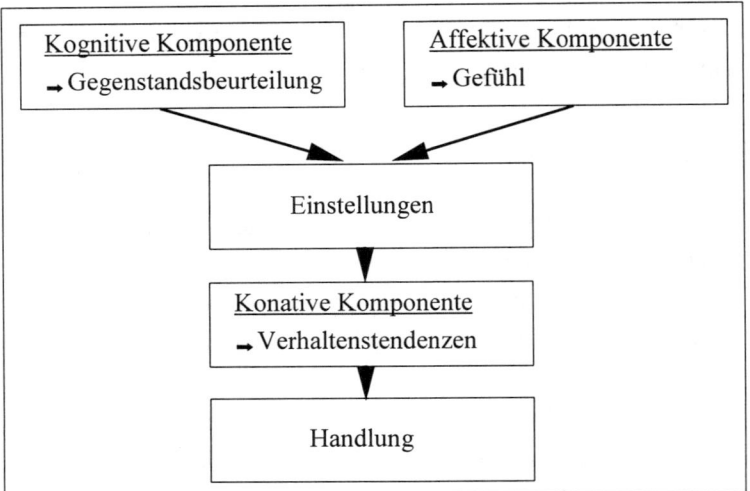

Abbildung 3.8: Die 3-Komponenten-Theorie

Im Zusammenhang mit der Drei-Komponenten-Theorie ist der Unterschied zwischen den Dimensionen einer Einstellung und den Komponenten im Sinne dieser Theorie zu beachten. Mit Hilfe eines Beispiels soll dieser Unterschied verdeutlicht werden.

Einstellungsdimensionen bezüglich einer Fluglinie sind u.a. Kosten, Sitzbreite, Service, Bordverpflegung oder Wartezeiten.

Komponenten im Sinne der Drei-Komponenten-Theorie sind dagegen:

Affektive Komponente:	ein positives Gefühl gegenüber der ausgewählten Fluggesellschaft
Kognitive Komponente:	die Einschätzung der Fluglinie bzgl. deren Servicegrat
Konative Komponente:	die Absicht, mit der Fluggesellschaft zu fliegen.

Die affektive Komponente bezieht sich bei dieser Darstellung auf Gefühle (Affekte), d.h. auf Emotionen und somit nach der weiter oben dargestellten Begriffsdifferenzierung nicht auf Motive. Dieser Unterschied in der Sichtweise ergibt sich aber in erster Linie aus den Definitionen der ausgewählten Literatur. Andere Autoren sprechen dagegen bei der affektiven Komponente von einer gefühlsmäßigen oder motivationalen Haftung. Insgesamt muss man festhalten, dass die Abgrenzungen der Begriffe in der Fachliteratur sehr unterschiedlich gehandhabt werden, so dass nicht auf ein „Standardsystem" zurückgegriffen werden kann. Diese Gegebenheiten sind bei der Analyse der psychologischen Faktoren zu berücksichtigen.

Image

Das Image ist zumindest in der Marketingpraxis einer der am häufigsten genannten Einflussfaktoren auf das Käuferverhalten. Inhaltlich besteht ein sehr starker Zusammenhang zwischen dem Einstellungsbegriff und dem Image, wobei man in der Regel von einem Image spricht, wenn eine mehrdimensionale Messung der Einstellung vorliegt.

Image = mehrdimensionale und ganzheitliche Grundlage der Einstellung einer Zielgruppe zum Gegenstand (Trommsdorff 1998: S. 152).

Images können sich hierbei auf Firmen (Eckes AG), Produktgruppen (Süßspeisen) oder Marken (hohes C) beziehen. Sie sind insbesondere im Rahmen der Produktpositionierung sowie bei der Preisgestaltung von sehr großer Bedeutung.

Einstellungsmessung

Von der Vielzahl von Modellen zur Erfassung der Einstellung werden nachfolgend die beiden bekanntesten, das Fishbein- und das Trommsdorff-Modell, dargestellt. Bei beiden Ansätzen handelt es sich um kompensatorische Modelle.

Fishbein-Modell

Das Modell von Fishbein beruht auf folgenden Annahmen:
- das Fehlen einer Produkteigenschaft kann durch andere Eigenschaften kompensiert werden (Kompensationsprämisse),

- der Einstellungswert verhält sich linear zu einer Veränderung einer Eigenschaftsausprägung (Linearitätsprämisse),
- es liegt ein multiplikativer Zusammenhang zwischen der kognitiven und der affektiven Komponente vor (Multiplikativitätsprämisse) und
- die Gesamteinstellung bzgl. des Objekts ergibt sich aus der Summe der einzelnen Einstellungen bzgl. der für relevant angesehenen Eigenschaften des Objekts (Additivitätsprämisse).

Formal hat das Fishbein-Modell folgende Form:

$$A_{jk} = \sum_{i=1}^{n} B_{ijk} * w_{ijk}$$

A_{jk} = Gesamteinstellung von Konsument k zum Objekt j,

B_{ijk} = Wahrscheinlichkeit, mit der Konsument k annimmt, dass Objekt j die Eigenschaft i aufweist (kognitive Komponente),

w_{ijk} = Bewertung bzw. Gewichtung der Eigenschaft i beim Objekt j durch den Konsument k (affektive Komponente),

n_k = Anzahl der aus der Sicht des Konsumenten k für die Bewertung relevanten Eigenschaften.

Aufgrund der oben aufgeführten Prämissen, unter denen dieses Modell zur Anwendung kommt, ergab sich in der Folgezeit eine Reihe von Kritikpunkten die dazu geführt haben, dass alternative Ansätze entwickelt wurden.

Neben der praktischen Relevanz der vier Prämissen wurde als weiterer Kritikpunkt aufgeführt, dass die Produkteindrücke seitens der Konsumenten mit Hilfe von subjektiven Wahrscheinlichkeiten über das Vorhandensein von Eigenschaften gebildet werden. Aufgrund zahlreicher Untersuchungen ist eher davon auszugehen, dass dies anhand wahrgenommener Produkteigenschaften erfolgt.

Trommsdorff-Modell
Das Modell von Trommsdorff beruht auf der Annahme, dass sich die Ein-

stellung eines Konsumenten k gegenüber einem Objekt j (D_{kj}) als Summe
der absoluten Differenz zwischen der subjektiv wahrgenommenen Ausprägung des Merkmals i durch den Konsumenten k bzgl. Objekt j (B_{ikj}) und
der nach Meinung des Konsumenten k idealen Ausprägung des Merkmals i
(I_{ik}) zum Ausdruck bringen läßt.

$$D_{kj} = \sum_{i=1}^{n} \left| B_{ijk} - I_{ik} \right|$$

D_{kj} = Distanz zwischen der aktuellen Bewertung von Objekt j durch
den Konsumenten k und der aus der Sicht des Konsumenten optimalen Lösung = Einstellung,

B_{ikj} = von Konsument k wahrgenommene Ausprägung von Eigenschaft
i bzgl. Marke j (kognitive Komponente),

I_{ik} = ideale Ausprägung für das Merkmal i bezogen auf die betrachtete
Objektkategorie aus der Sicht des Konsumenten k (affektive
Komponente),

n_k = Anzahl der aus der Sicht des Konsumenten k für die Bewertung
relevanten Eigenschaften.

Eine Gewichtung der einzelnen Merkmale erfolgt bei diesem Ansatz nicht,
da davon ausgegangen wird, dass nur die wichtigsten Merkmale erfasst
und bewertet werden.

Durch die Erfassung des „Idealprodukts" ergeben sich für die Anbieter
wertvolle Hinweise für die weitere Vorgehensweise insbesondere im Bereich der Produkt- sowie der Kommunikationspolitik. Es können gezielt
die Merkmale herausgestellt werden, bei denen aktuell die größten Defizite
bestehen.

3.3.3.2 Kognitive Prozesse

Die kognitiven Prozesse beziehen sich auf die gedankliche „rationale" Informationsverarbeitung, durch die das Verhalten des Individuums gedank-
lich kontrolliert und willentlich unterstützt wird.

Den Bezugsrahmen zur Erklärung der Informationsverarbeitung im menschlichen Gehirn bildet in der Regel das Drei-Speicher-Modell, bei dem drei Arten von Informationsspeicher unterschieden werden:

- **Sensorischer -/ Ultrakurzzeitspeicher**, in diesem sehr großen Speicher werden die einzelnen Sinneseindrücke nur für kurze Zeit gespeichert (man geht von einer Speicherdauer zwischen 0,1 Sekunden und 1 Sekunde aus). Die Auswahl, Interpretation und Verknüpfung, d.h. die Weiterverarbeitung der Reize erfolgt praktisch automatisch (affektive Weiterverarbeitung), da noch keine gerichtete Aufmerksamkeit vorliegt.

- **Kurzzeitspeicher**, übernimmt einen Teil der im sensorischen Speicher vorhandenen Reize. Diese werden dort entschlüsselt und dadurch in kognitiv verfügbare Informationen umgewandelt. Die Fülle der übernommenen Reize ist von deren Aktivierungspotenzial abhängig. Der Kurzzeitspeicher übernimmt neben der Funktion der Informationsspeicherung auch die aktive Verarbeitung der neuen Informationen, bei der auf Informationen aus dem Langzeitspeicher zurückgegriffen wird. Er ist somit die Zentraleinheit für die Informationsanalyse. Die Informationen im Kurzzeitspeicher werden entweder ziemlich schnell vergessen oder sie werden zur Speicherung in den Langzeitspeicher übernommen.

- **Langzeitspeicher**, (= Gedächtnis des Menschen) in ihm werden die verarbeiteten und zu kognitiven Einheiten organisierten Informationen dauerhaft gespeichert. Ein Vergessen der Informationen ist nach aktuellem Stand der Wissenschaft nicht möglich. Der fehlende Zugriff auf bestimmte Informationen ist vielmehr auf eine nicht mehr vorhandene Zugriffsmöglichkeit zurückzuführen.

Die Einteilung zur Beschreibung der kognitiven Prozesse erfolgt in der Literatur uneinheitlich. Kroeber-Riel wählt zum Beispiel folgende Vorgehensweise (Kroeber-Riel 1996: S. 218):
- Informationsaufnahme,
- Wahrnehmen einschließlich Beurteilen,
- Entscheiden,
- Lernen und Gedächtnis.

Eine andere Systematisierung wurde in Analogie zur elektronischen Informationsverarbeitung entwickelt, die wie folgt aufgebaut ist:

- Informationsaufnahme,
- Informationsverarbeitung,
- Informationsspeicherung.

Nach der begrifflichen Abgrenzung von Kroeber-Riel entsprächen der Informationsverarbeitung die beiden Punkte Wahrnehmung, einschließlich Beurteilen sowie Entscheiden, wobei die einzelnen Bereiche, unabhängig von der gewählten Systematik, nicht überschneidungsfrei sind.

Die letzte hier angesprochene Systematisierung der kognitiven Prozesse wird u. a. von Bänsch (Bänsch 1998: S. 71 ff) gewählt. Er unterteilt die kognitiven Prozesse in:

- Wahrnehmen (Wahrnehmungforschung),
- Denken (Denkforschung),
- Lernen (Lernforschung),

wobei er Wahrnehmung als Prozess beschreibt, der die Aufnahme und Selektion von Informationen, deren Gliederung und Strukturierung (Organisation) sowie ihre Interpretation durch das Individuum beinhaltet.

Es handelt sich hierbei somit nicht nur um die Informationsaufnahme, sondern auch um Teile der Informationsverarbeitung.

Eine Überschneidung zwischen Wahrnehmung und Denken tritt dahingehend auf, da die Informationsverarbeitung auch ein Kennzeichen des Denkens ist, wobei Denken wie folgt umschrieben wird (Bänsch 1998: S. 78):

„Denken kann im Beurteilen, Ordnen, Abstrahieren, Weiterentwickeln von (aktuellen) Wahrnehmungen bestehen. Es bedarf als Erinnern, Umstrukturieren, Schlussfolgern jedoch keiner (aktuellen) Wahrnehmungen, sondern kann sich im Rückgriff auf (vorgegebene) Gedächtnisinhalte vollziehen."

Anhand dieser Definition wird auch der Unterschied zur Wahrnehmung deutlich, die sich immer auf real Vorhandenes bezieht.

Für die weitere Vorgehensweise wurde die in Anlehnung an die elektronische Informationsverarbeitung entwickelte Einteilung gewählt, da sie die höchste Zustimmung unter den Praktikern aufweist.

Informationsaufnahme
Zur Beschreibung der Informationsaufnahme seitens der Konsumenten wurden eine Vielzahl von Hypothesen erstellt, wobei u.a. folgende Beeinflussungsfaktoren unterschieden werden (Trommsdorff 1998: S. 243 f):

- Risiko
  In dem hier verwendeten Sinne zeigt die Höhe des Risikos die Verunsicherung des Entscheiders an, die sich dadurch ergibt, dass er mit seinem aktuellen Wissen die Konsequenzen seines Verhaltens nicht ausreichend beurteilen kann.
- Aktivierung
  Eine mäßige Aktivierung regt die Suche nach Informationen an. Beim Vorliegen einer Überaktivierung ist eine zusätzliche Informationsaufnahme eher unwahrscheinlich.
- Komplexität
  Eine Informationsaufnahme ist um so wahrscheinlicher, je höher die Übereinstimmung zwischen der Informationsfülle (Komplexität) und den kognitiven Fähigkeiten der Zielpersonen zur Informationsverarbeitung ist.
- Dissonanz
  Die Informationsaufnahme erfolgt zum Abbau von kognitiven Dissonanzen.

Weitere wesentliche Aspekte im Zusammenhang mit der Informationsaufnahme sind:

- **Selektive Wahrnehmung / Selektive Beachtung**
  Selektive Wahrnehmung ist eine Konsequenz aus den begrenzten In-

formationsverarbeitungskapazitäten der Individuen. Neuere Untersuchungen zeigen, dass lediglich 2 % der durch Massenmedien vermittelten Informationen vom Konsumenten aufgenommen werden.

- **Selektive Verzerrung**
  Die Eigenschaft von Individuen, Informationen subjektiv zu interpretieren, d.h. zu verzerren, wird als selektive Verzerrung bezeichnet.

- **Involvement**
  Die Bedeutung des Involvements als Aktivierungsgrad bzgl. der Informationssuche, -aufnahme, -verarbeitung und –speicherung wurde bereits herausgestellt. Das nachfolgende Beispiel soll diesen Zusammenhang nochmals verdeutlichen.

Beispiel 3.7: Informationsaufnahme

> Bei Postwurfsendungen, beiläufig gehörten Radiosendungen etc. handelt es sich um eine zufällige Informationsaufnahme, da nicht gezielt nach Informationen gesucht wird. Das Individuum befindet sich in einer **Low-involvement-Situation**.
>
> Werden Informationen zwar bewusst aufgenommen, ohne dass eine Kaufabsicht besteht, spricht man von einer **latenten Situation**. Ein typisches Beispiel hierfür ist der Schaufensterbummel nach Ladenschluss.
>
> Von einer **High-involvement-Situation** spricht man, wenn zum Beispiel in einem Fachkatalog gezielt nach Informationen zur Kaufvorbereitung gesucht wird.

Zur Informationssuche können ganz unterschiedliche Quellen herangezogen werden, wie zum Beispiel persönliche Quellen (Familie, Bekanntenkreis etc.), kommerzielle Quellen (Werbung, Verkäufer etc.), öffentliche Quellen (Massenmedien, Verbände etc.) oder Erfahrungen mit gleichen oder ähnlichen Produkten.

Informationsverarbeitung

Bei der Frage nach der Informationsverarbeitung der Individuen treten eine Reihe von Rahmenbedingungen auf, von denen das Verhalten stark beeinflusst wird. Die hier dargestellte Vorgehensweise lehnt sich an die Erkenntnisse der Denkforschung an, bildet aber nur einen kleinen Ausschnitt der bekannten Ansätze zur Erklärung der Informationsverarbeitung ab.

Folgende Rahmenbedingungen sollten analysiert werden:

- Welche **Reizkonstellation** liegt vor?
  Die Intensität der Informationsverarbeitung ist beispielsweise gering, wenn sich der Entscheider unter Zeitdruck befindet, wenn ihm die Kaufsituation bekannt ist oder wenn er durch starke emotionale Reize zum impulsiven Handeln neigt.

- Um welche **Produktkategorie** handelt es sich?
  Zur Beschreibung der Produktkategorien können folgende Kriterien herangezogen werden (Bänsch 1998: S. 82):
  - Neuigkeitsgrad
  - Produktwert
  - Häufigkeit des Produktkaufs bzw. Verwendungsdauer
  - Soziale Auswirkung des Kaufs

Eine andere Kategorisierung von Produkten findet sich vornehmlich in der amerikanischen Fachliteratur. Dort wird folgende Unterscheidung vorgenommen:
- **Convenience Goods**
  Kennzeichen dieser Güter ist, dass sie sehr häufig und mit minimalen Aufwand gekauft werden. Es handelt sich hierbei z. B. um Lebensmittel bzw. um täglich benötigte Haushaltsartikel.
- **Shopping Goods**
  Bei diesen Güter erfolgt durch den Käufer ein ausführlicher Vergleich unterschiedlicher Angebote. Üblicherweise fallen unter diese Bezeichnung höherwertige Gebrauchsgüter (Möbel, Fernseher etc.).
- **Speciality Goods**
  Von speciality Goods spricht man, wenn die Güter besondere An-

forderungen aus Sicht der Käufer erfüllen müssen. Zur Auffindung dieser Güter wird ein erheblicher Aufwand in Kauf genommen. Beispiele hierzu sind Fotoausrüstungen, Hochzeitsgeschenke, Wohnungen, Autos etc..

Die Zuordnung zu den einzelnen Kategorien ist aber von den Motiven der Käufer abhängig. Es gibt sicherlich eine Vielzahl von Personen, die ihr Auto nicht als „Speciality Good" bezeichnen würden.

- **Welche persönliche Prädispositionen weist der Käufer auf?**
  Unter diesen Oberbegriff fallen Faktoren wie die persönliche Risikoneigung des Käufers, seine Impulsivität, sein Informationsbedürfnis sowie der Grad der Ich-Beteiligung (Ego-Involvement).

Aufgrund der aufgeführten möglichen Rahmenbedingungen unterscheidet man bei der Beschreibung des Kaufentscheidungsprozesses vier Prozessarten (vgl. Tabelle 3.3).

Tabelle 3.3: Kaufentscheidungsprozesse

Prozessart	Inhaltliche Beschreibung
Extensiver Kaufentscheidungsprozess	In dieser „High-Involvement-Situation" betreibt der Käufer einen großen Aufwand, um eine möglichst gute Entscheidung treffen zu können. Sowohl die Informationssuche als auch die Auswahl der Entscheidungskriterien erfolgt bewusst.
Begrenzter bzw. vereinfachter Kaufentscheidungsprozess	In dieser Situation ist der Käufer ebenfalls stark involviert, besitzt aber bereits Kenntnisse über den Markt und die unterschiedlichen Angebote. Da auch die Kriterien zur Entscheidungsfindung bekannt sind, muss nur noch eine Bewertung der Alternativen erfolgen.
Habitualisierter bzw. gewohnheitsmäßiger Kaufentscheidungsprozess	In diesen Fällen treten in erster Linie Wiederholungskäufe auf, für die kein vollständiger Entscheidungsprozess mehr gestartet werden muss.

Tabelle 3.3: Kaufentscheidungsprozesse (Fortsetzung)

Affektgesteuerter bzw. impulsiver Kaufentscheidungsprozess	Impulskäufe entstehen bei starker emotionaler Aufladung und werden ohne Informationssuche und –verarbeitung durchgeführt. In der Regel steht der Käufer hierbei unter einem starken Zeit- und / oder sozialem Druck.

Das Treffen der letztendliche Entscheidung auf der Grundlage der einzelnen Produktmerkmale erfolgt individuell sehr unterschiedlich. In der nachfolgenden Tabelle 3.4 sind einige Entscheidungsmodelle, die in der Praxis als Erklärungsansätze verwendet werden, aufgeführt.

Tabelle 3.4: Entscheidungsmodelle

Methode	Kurzcharakterisierung
Attribut-Dominanzmodell	Der Konsument schließt von einer Produkteigenschaft auf die Gesamtqualität des Produkts, z. B. von der Sicherheit auf die Gesamtqualität.
Irradiation	Der Konsument schließt von einem auf ein zweites Produktattribut. Zum Beispiel von der Farbe des Weins auf dessen Geschmack.
Halo-Effekt	Der Konsument wird durch ein bereits gebildetes Qualitätsurteil (z. B. bzgl. einer Marke) bei der Bewertung der Produktattribute einzelner Produkte beeinflusst (engl. halo = Heiligenschein).
Lexikographische Auswahlheuristik	Der Konsument vergleicht zunächst nur das Produktattribut, das ihm am wichtigsten ist. Ergibt sich eine eindeutige Aussage, wird dieses Produkt unabhängig von den anderen Attributen gekauft. Ansonsten wiederholt sich der Vorgang bis zur Entscheidung.
Dominanzregel	Der Konsument wählt ein Produkt nicht, wenn es ein anderes Produkt gibt, bei dem mindestens ein Attribut besser, aber keines schlechter ist.

Tabelle 3.4: Entscheidungsmodelle (Fortsetzung)

Konjunktive Auswahl-heuristik	Der Konsument definiert pro Attribut Mindest-anforderungen, die die Produkte alle erfüllen müssen. Die Mindeststandards werden langsam erhöht, bis ein eindeutiger Sieger feststeht.
Disjunktive Auswahl-heuristik	Dies ist das Gegenstück zur konjunktiven Aus-wahlheuristik. Der Käufer wählt die Alternative, bei der ein (beliebiges) Merkmal besonders gut ausgeprägt ist bzw. ein vorher definierter Schwellenwert erreicht wird.

Informationsspeicherung

Zur Erklärung der Informationsspeicherung (Speicherung im Langzeitspei-cher) kann auf die Lerntheorien zurückgegriffen werden.

Unter Lernen versteht man nicht nur das Erwerben, sondern auch das Än-dern von Verhalten und von bereits gespeicherten Zuständen. Nicht unter den Begriff des Lernen fallen die Verhaltensveränderungen, die unmittel-bar genetisch (Vererbung), durch biologische Veränderungen (Krankheit etc.), durch Einflüsse der Tageszeit (Ermüden) oder durch äußere Eingriffe (Pharmaka etc.) bedingt sind (Trommsdorff 1998: S. 249).

Der Vorgang des Lernens kann man in drei Katagorien einteilen, wobei die erste, die genetische Weitergabe, hier nicht als Lernen im oben definierten Sinn angesehen wird, so dass nur das automatische, nicht willentlich kon-trollierte sowie das komplexe, sozial-kognitive und bewusst vernünftige Lernen kurz näher betrachtet wird.

Automatisches Lernen

Unter diese Kategorie fallen u.a. die klassische sowie die instrumentelle Konditionierung.

Das bekannteste Beispiel der **klassischen Konditionierung**, die auf der Basis des Prinzips der benachbarten Erscheinung von Reizen arbeitet, ist das Experiment mit den Pawlowschen Hunden. Dadurch, dass zu einem Klingelzeichen (zu lernender bzw. konditionierter Stimulus) zunächst den

Hunden immer auch Hundefutter (bewährter Reaktionsauslöser, unkonditionierter Stimulus) dargeboten wurde, erfolgte später die Speichelbildung (lernende bzw. konditionierte Reaktion) allein nach Ertönen des Klingelzeichens.

Eine Erweiterung der klassischen Konditionierung erfolgt durch die Einführung eines Belohnungsprinzips. Ansätze dieser Art werden unter dem Begriff der instrumentellen Konditionierung zusammengefasst. In Tabelle 3.5 sind einige Formen der instrumentellen Konditionierung zusammengestellt (Trommsdorff 1998: S. 253 f).

Tabelle 3.5.: Instrumentelle Konditionierung

Prinzip	Inhalt
Verstärkung	Ein belohntes Verhalten wird sich mit größerer Wahrscheinlichkeit wiederholen als ein nicht belohntes Verhalten.
Vermeidung	Bestraftes Verhalten wird, wenn dies möglich ist, nicht wiederholt. Andererseits werden Handlungen wahrscheinlicher, durch die die Strafreize vermieden werden können.
Extinktion	Verhalten, das weder belohnt noch bestraft wird, wird häufig nicht wiederholt. Dieser Effekt kann zum Beispiel auftreten, wenn nach dem Kauf der Anlass für das Verhalten nicht mehr vorliegt.
Generalisierung	Es wird versucht, ein bewährtes Verhalten auch auf subjektiv ähnliche Situationen zu übertragen (vgl. auch Halo-Effekt).
Diskriminierung	Bezieht sich die Belohnung nur auf einen Teil des Verhaltens, wird auch nur dieses wieder gewählt. Eine andere Form der Diskriminierung ist die Situations-Diskriminierung, bei der sich die Belohnung nur in bestimmten Situationen einstellt, was sich entsprechend auf das weitere Verhalten auswirkt.

Tabelle 3.5.: Instrumentelle Konditionierung (Fortsetzung)

Habitualisierung/ Internalisierung	Einmal gewählte Verhaltensweisen werden beibehalten, obwohl die Belohnung bzw. Bestrafung explizit nicht mehr auftritt. Implizit ergibt sich z. B. die Belohnung durch die Vermeidung der anstrengenden Suche nach Alternativen. Dieses Prinzip ist eine der Erklärungsansätze für das Auftreten von **Markentreue**.

Komplexes Lernen

Komplexe Lernprozesse beinhalten nicht nur den Informationserwerb, sondern man berücksichtigt bei der Erklärung der Abspeicherung von Informationen bzw. von Verhaltensmuster auch kognitive Prozesse. Komplexes Lernen kann u.a. in folgende Lernformen unterteilt werden:

- Kontingenzlernen
  Steigen die Einstellungen, die zu einem bestimmten Verhalten geführt haben und die mit den Verhaltenskonsequenzen assoziiert werden, wird auch die Verhaltensweise stärker gelernt.

- Imitationslernen
  Nach diesem Ansatz werden die Verhaltensweisen von anderen übernommen.

- Erwartungslernen
  Das Auftreten eines bestimmten Verhaltens hängt von der Höhe der zu erwarteten Belohnung sowie von der Eintrittswahrscheinlichkeit eines erfolgreichen Verhaltens ab.

- Vergleichslernen
  Die aktuelle Belohnung bzw. Bestrafung wird entweder mit früheren Belohnungen bzw. Bestrafungen oder mit den Belohnungen oder Bestrafungen von Vergleichspersonen verglichen.

Der Kaufprozess

Fast man die oben aufgeführten Ausführungen nochmals zusammen, ergibt sich das in Abbildung 3.9 dargestellte Gesamtschema für den Kaufprozess. Es wurde bereits gezeigt, dass die konkrete Ausgestaltung dieses Prozesses von einer Vielzahl von Faktoren beeinflusst wird. Nur wenn diese Einflussfaktoren bekannt sind, kann eine effektive und effiziente Vorgehensweise im Marketing sichergestellt werden.

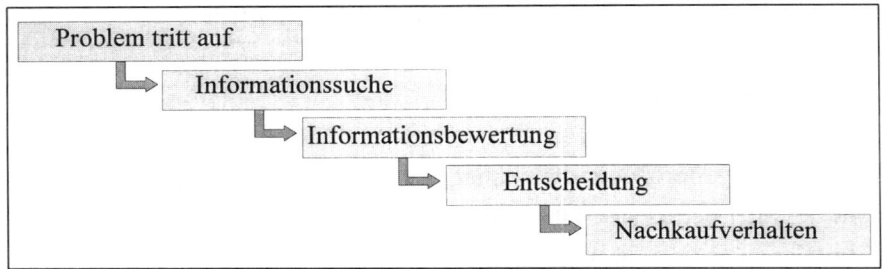

Abbildung 3.9: Der Kaufprozess

3.4 Einkaufsverhalten von Organisationen

Das Einkaufsverhalten von Unternehmen unterscheidet sich durch eine höhere Formalisierung und eine weitgehend rationale Entscheidungsfindung von dem von Individuen. Trotzdem sollte man sich immer darüber im klaren sein, dass auch in Unternehmen letztendlich Individuen die Entscheidungen treffen, so dass die Ausführungen zum individuellen Konsumverhalten nicht ersetzt, sondern ergänzt werden müssen.

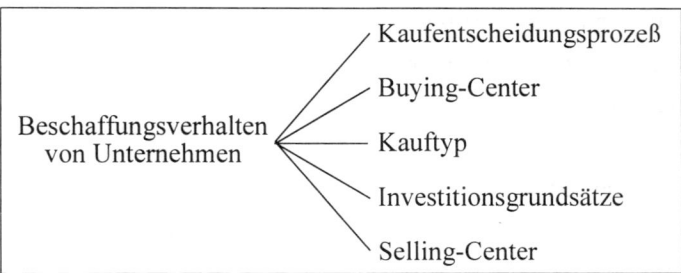

Abbildung 3.10: Einflussfaktoren auf das Beschaffungsverhalten von Unternehmen

74

Im Wesentlichen lassen sich bei der Beschreibung der Einflussfaktoren des Kaufverhaltens von Unternehmen fünf Bereiche unterscheiden (vgl. Abbildung 3.10).

3.4.1 Kaufentscheidungsprozess

Der Kaufentscheidungsprozess im Unternehmen, der sich in der Regel wesentlich deutlicher herausarbeiten lässt, als dies beim individuellen Konsum der Fall ist, kann beispielsweise wie folgt untergliedert werden:

- Voranfragephase/Problemerkennung,
- Angebotserstellung,
- Kundenverhandlungsphase,
- Abwicklungsphase,
- Gewährleistungsphase (Backhaus, 1995).

Es ist wichtig, dass man in allen Phasen präsent ist, da im Investitionsgüterbereich die Vor- und die Nachkaufphase noch bedeutsamer als im Konsumgüterbereich ist.

3.4.2 Buying-Center

Das Buying-Center ist der Begriff für den Personenkreis, der sich aktuell mit einer Beschaffungsmaßnahme auseinandersetzt. Buying-Center werden in der Regel für jede geplante Beschaffung neu zusammengestellt, so dass immer das notwendige Know-how vorhanden ist. Aus diesem Grund sind im Buying-Center sowohl Ökonomen als auch Ingenieure vertreten. Die Mitglieder dieser Center arbeiten informell für die Zeit der Beschaffung zusammen und sind nur in wenigen Ausnahmefällen institutionalisiert.

Der Anbieter muss in einem ersten Schritt herausfinden, wer in dem für ihn zuständigen Buying-Center mitarbeitet. Üblicherweise unterscheidet man zwischen 5 Rollen, die in einem Buying-Center zu übernehmen sind. Die Aufgaben dieses Personenkreises sind in Tabelle 3.6 zusammengefasst.

Tabelle 3.6: Mitglieder eines Buying-Center

Mitglied	Aufgabe
Benutzer	Er muss mit dem zu beschaffenden Produkt arbeiten. Aufgrund seines hohen Kenntnisstandes hat er häufig eine Schlüsselstelle im Buying-Center
Einkäufer	Er ist für die formalen kaufmännischen Tätigkeiten zuständig. Er sucht die Lieferanten aus und wickelt später den Kaufvertrag ab.
Beeinflusser	Dieser Personenkreis hat häufig keine unmittelbare Beziehung zum Kaufgegenstand, sondern vertritt übergeordnete Interessen, die zum Beispiel durch bestimmte Normen oder Mindestanforderungen im technischen Bereich zum Ausdruck kommen.
Informationsselektierer	Diese Gatekeeper steuern den Informationsfluß des Buying-Center und sind damit für die Anbieter von großer Bedeutung. Häufig wird diese Rolle von Assistenten der Geschäftsleitung oder Bereichsleitern ausgeübt.
Entscheider	Der oder die Entscheider sind Personen, die aufgrund ihrer Stellung im Unternehmen einen möglichen Kaufvertrag unterschreiben können. Bei Großinvestitionen sind dies Mitglieder der Geschäftsführung bzw. des Vorstands.

3.4.3 Kauftyp

Unter den Begriff Kauftyp fasst man vier unterschiedliche Aspekte zusammen:

- Wert des Investitionsobjekts

  Je teurer das Investitionsvorhaben ist, desto höherrangig ist das Buying-Center besetzt. Hierbei ist zu beachten, dass nicht die absolute, sondern die relative Investitionssumme (gemessen am Umsatz oder an der Gesamtinvestitionssumme) berücksichtigt werden muss.

- Kaufanlass

    - Erst-,
    - Ersatz-
    - oder Erweiterungsinvestition.

Bei einer Erstinvestition muss der potenzielle Kunde (jedes Mitglied im Buying-Center) zunächst mit ausreichendem Informationsmaterial über die generellen Vorteile des Verhandlungsobjekts versorgt werden, wohingegen bei der Ersatz- oder der Erweiterungsinvestition schon viel Know-how beim Kunden vorliegt. In diesen Fällen steht mehr die Frage nach der höheren Effizienz bzw. der Kompatibilität mit den anderen vorhandenen Maschinen im Vordergrund.

- Innovations- bzw. Wiederholungsgrad

    - Neukauf,
    - modifizierter Wiederholungskauf,
    - identischer Wiederholungskauf.

Der Neukauf unterscheidet sich von der Erstinvestition dahingehend, dass eine Erstinvestition immer ein Neukauf ist, umgekehrt aber auch eine Ersatzbeschaffung ein Neukauf sein kann, wenn eine völlig neue Technik eingesetzt wird. Beim modifizierten Wiederkauf müssen nur die Veränderungen zum alten Produkt erklärt werden.

- Produktionstechnologie
  Die Frage nach der Produktionstechnologie bezieht sich auf die Produktlebenszyklen. Je kürzer eine neue Generation aktuell ist, desto schneller muss der Nachfolger plaziert werden.

Die Erfassung des Kaufanlasses ist für den Anbieter von großer Bedeutung, damit er möglichst bereits beim ersten konkreten Gespräch das richtige Informationsmaterial vorlegen und man sofort in die Detailplanung einsteigen kann.

3.4.4 Investitionsgrundsätze

In vielen Unternehmen gibt es eindeutige Richtlinien, die bei größeren Investitionsvorhaben zu berücksichtigen sind. Besonders drastisch ist dies, wenn der Nachfrager eine Behörde ist. Häufig werden zu diesem Zweck Scoring-Modelle entwickelt, anhand derer eine Entscheidung über die Auftragsvergabe getroffen wird. Ein Anbieter kann sich deutliche Vorteile verschaffen, wenn er mit den Regularien bei seinen potenziellen Kunden vertraut ist.

3.4.5 Selling-Center

Das Selling-Center ist die analoge Konstruktion zum Buying-Center auf der Anbieterseite. Auch hier ist es üblich, dass bei komplexen Aufgabenstellungen nicht nur ein Mitarbeiter die Verhandlungen führt, sondern Teams diese Aufgabe übernehmen.

3.5 Die Konkurrenz

Neben den Kunden stellen die Konkurrenten die zweite wichtige Gruppe in der Mikroumwelt dar. Im Rahmen der Konkurrenzanalyse, auf die im Rahmen der Situationsanalyse unter Gliederungspunkt 4.3.2.2 ausführlicher eingegangen wird, müssen folgende Fragen beantwortet werden:

- Wer sind die Konkurrenten?
- Welche Ziele haben die Konkurrenten?
- Welche Strategien verfolgen die Konkurrenten?
- Wo liegen die Stärken und Schwächen der Konkurrenten?
- Welches Reaktionsmuster weisen die Konkurrenten auf?

Die Frage nach der Konkurrenz sollte hierbei nicht nur auf die aktuellen direkten Konkurrenten begrenzt werden, sondern es müssen auch regelmäßig potenzielle Konkurrenten (vgl. Tabelle 3.7) analysiert werden.

Tabelle 3.7: Potentielle Konkurrenten

Aktueller Status	Konkurrent in der Zukunft
Lieferant	Vorwärtsintegration
Absatzmittler oder Kunde	Rückwärtsintegration
Unternehmen mit ähnlicher Technologie	Diversifikation
Gleiches Angebot in anderen Märkten	Marktexpansion
Beliefert gleiche Kunden	Sortimentsausweitung etc.

3.6 Die Innenwelt

Die Analyse der Umwelt darf sich nicht nur nach außen richten, sondern muss mit der gleichen Sorgfalt auch in der Innenwelt erfolgen. Auch wenn diese explizite Forderung nach dem internen Datenaustausch überflüssig erscheint, da man dies als Selbstverständlichkeit ansieht, zeigt die Situation in vielen Unternehmen, dass diese Selbstverständlichkeiten dort nicht existieren. Die Gründe hierfür sind vielfältig, es wird aber immer wieder deutlich, dass in der fehlenden Kommunikationsinfrastruktur und in der wenig flexiblen Einstellung vieler Führungskräfte die Hauptursachen für diese Probleme zu finden sind. Besonders eng sollte der Austausch von Informationen zwischen Marketing und Vertrieb, Controlling, Produktion, Forschung und Entwicklung sowie der Rechtsabteilung sein, wobei letztendlich alle Abteilungen in einem Unternehmen sich in irgendeiner Art und Weise gegenseitig beeinflussen.

Übungsaufgaben zum 3. Kapitel

Aufgabe 3.1:

Nennen Sie fünf Variablen, die im Rahmen der ökonomischen Dimension der Makro-Umwelt von Bedeutung sind.

Aufgabe 3.2:

Was versteht man unter einem Black-Box-Modell?

Aufgabe 3.3:

In welche vier Gruppen lassen sich die Einflussfaktoren auf das individuelle Kaufverhalten unterteilen?

Aufgabe 3.4:

Worin unterscheiden sich High-Involvement von Low-Involvement Käufen?

Aufgabe 3.5:

Was versteht man unter Emotionen und wodurch sind sie gekennzeichnet?

Aufgabe 3.6:

Wie lassen sich Einstellungen charakterisieren?

Aufgabe 3.7:

In welcher Art und Weise lassen sich nach Trommsdorff Einstellungen messen?

Aufgabe 3.8:

Was versteht man unter selektiver Wahrnehmung und warum tritt dieses Erscheinungsbild auf?

Aufgabe 3.9:

Was beinhaltet die 3-Komponenten-Theorie?

Aufgabe 3.10:

Was versteht man unter einem Buying-Center? Welche Personen gehören in der Regel einem Buying-Center an?

Aufgabe 3.11:

Welche Kauftypen kann man im Rahmen einer Beschaffung von Organisationen unterscheiden? Warum ist diese Unterscheidung notwendig?

Aufgabe 3.12:

Welche Gruppen von potentiellen Konkurrenten kann man unterscheiden?

4 Marketingplanung

4.1 Einbindung der Marketingplanung in die strategische Unternehmensplanung

Ausgangspunkt der Marketingplanung ist die strategische Unternehmensplanung, da dort generelle Unternehmensziele und Strategien festgelegt werden. Die Ziele der strategischen Unternehmensplanung sind in erster Linie:

- Aufzeigen neuer Handlungsspielräume zur langfristigen Sicherung des Unternehmensbestandes,
- die Ermöglichung eines frühzeitigen Agierens auf Chancen oder Risiken, um Entscheidungen unter Sach- oder Zeitzwängen zu verhindern,
- Vermeidung von Fehlentscheidungen,
- eine gewisse Stabilisierung der Verhaltensweise, um Orientierungspunkte für das Unternehmen zu setzen,
- Entwicklung eines ganzheitlichen Gesamtplans unter Berücksichtigung vorhandener Handlungsinterdependenzen.

Aufgrund der Zielsetzung ergeben sich folgende Aufgaben, die im Rahmen der strategischen Unternehmensplanung erledigt werden müssen:

- Festlegung des unternehmerischen Grundauftrags, der Unternehmensmission sowie den Unternehmensgrundsätzen,
- Situationsanalyse und Prognosen zur Vorbereitung der Zielbildung,
- Festlegung der unternehmerischen Oberziele (Oberziele betreffen das Gesamtunternehmen),
- Marktabgrenzung und Bestimmung der strategischen Geschäftseinheiten (SGE) und strategischen Geschäftsfelder (SGF),
- Festlegung der strategischen Stoßrichtung sowie die Verteilung der Ressourcen,
- Koordination und Integration der Planungsergebnisse (Ziele und Strategien) der Geschäftseinheiten,
- Vorgabe des Rahmens für die operative Planung.

Strategische Geschäftseinheiten sind Unternehmensteile, die folgende Kennzeichen aufweisen:

- Die SGE tritt als Wettbewerber auf dem Markt auf, wobei sie eine eigenständige Marktaufgabe zu lösen hat.
- Sie agiert weitestgehend getrennt von den anderen strategischen Geschäftseinheiten.
- Sie führt die Zielplanung sowie die Strategieentwicklung selbständig durch und setzt sie am Markt um.
- Sie ist für das Ergebnis der SGE verantwortlich.

Strategische Geschäftseinheiten müssen nicht zwingend mit der Aufbauorganisation des Unternehmens übereinstimmen. Denkbar ist auch, dass Mitarbeiter aus unterschiedlichen Bereichen zu einer strategischen Geschäftseinheit zusammengefasst werden. Diese Lösung wird aber in der Regel nur dann gewählt, wenn es sich um kurzfristige Aktivitäten handelt.

Im Unterschied zu den strategischen Geschäftseinheiten, die sich mehr auf die interne Organisation beziehen, beschreiben die strategischen Geschäftsfelder (SGF) die Marktsegmente, die für das Unternehmen von Bedeutung sind und deshalb als strategisch wichtige Bereiche definiert werden. Jede SGE bearbeitet ein oder mehrere SGF. Die Unterscheidung zwischen SGEs und SGFs ist in der Literatur nicht einheitlich. Einige Autoren verzichten sogar ganz auf eine Unterscheidung dieser Begriffe. Es erscheint aber im Sinne einer klaren Trennung zwischen der internen und der externen Sichtweise sinnvoll, die hier vorgenommene Differenzierung zu machen.

Zur Abgrenzung der SGFs wird in der Regel auf die von Abell festgelegten Marktdimensionen

- Kundengruppe (wer soll das Produkt kaufen?),
- Kundenbedürfnisse/Funktionsumfang (was soll getan werden?),
- Technologie (welche Lösungsmöglichkeiten gibt es?)

zurückgegriffen.

Beispiel 4.1: Bestimmung der SGF

Ein Anbieter aus der EDV-Branche unterteilt den Markt nach:

Kundengruppen: private Haushalte, kleine und mittelständische Unternehmen, Großunternehmen und öffentliche Institutionen,

Kundenbedürfnissen: Textverarbeitung, Datenbanken, Graphikerstellung und

technischen Lösungen: PCs, Netzwerke, Bereichsrechner, jeweils inklusive der entsprechenden Software.

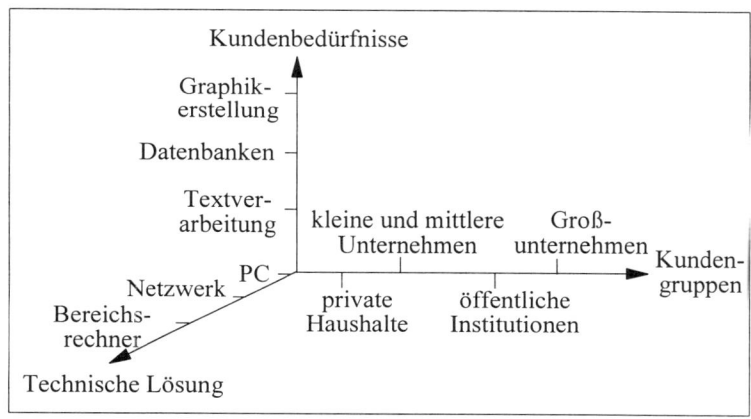

Abbildung 4.1: Die Bestimmung von strategischen Geschäftsfeldern

Mögliche strategische Geschäftsfelder könnten PC-Lösungen für öffentliche Institutionen bzgl. deren gesamten Bedürfnisspektrums oder Bereichsrechner für Datenbankanwendungen in der Großindustrie sein. Denkbar wären auch Netzwerklösungen für die Textverarbeitung in kleinen und mittelständischen Unternehmen.

Der Zusammenhang zwischen der strategischen Unternehmensplanung und der Marketingplanung besteht darin, dass die Marketingplanung, wie jede Bereichsplanung, aus den Ergebnissen der strategischen Unternehmensplanung abgeleitet wird. Bei einer marktorientierten Unternehmensführung gewinnt der Marketingbereich deshalb an Bedeutung, da dort die zur Bewertung der Märkte notwendigen Informationen zum größten Teil beschafft werden. Zur Realisierung der Unternehmensziele ist es aber notwendig, dass alle Bereichsziele aufeinander abgestimmt werden. Nur eine ganzheitliche, das heißt, eine alle Aspekte berücksichtigende, Vorgehensweise kann mittel- und langfristig zum Erfolg führen.

4.2 Ziele und Inhalte der Marketingplanung

Die Zielsetzung der Marketingplanung ist nahezu identisch mit der der strategischen Unternehmensplanung, nur dass hier nicht das Gesamtunternehmen, sondern der Bereich Marketing betrachtet wird (vgl. Gliederungspunkt 4.1). Die Inhalte der Marketingplanung leiten sich aus den Teilbereichen des Marketingmanagement-Prozesses (vgl. Gliederungspunkt 1.4) und der typischen Gliederung eines Marketingplans ab, die nachfolgend aufgeführt ist.

- Zusammenfassung und nächste Schritte
- Situationsanalyse
- Prognose
- Strategische Marketingplanung
  (Ziel- bzw. Strategieplanung)
- Maßnahmenplanung
- Durchführungsplanung
- Controlling-Instrumente

4.3 Situationsanalyse und Prognose

4.3.1 Zielsetzung

Durch die Situationsanalyse und die Prognose sollen die zukünftigen Chancen und Risiken sowie die unternehmensspezifischen Stärken und Schwächen aufgezeigt werden. Sie bilden die Grundlage für die weiteren Planungsschritte und umfassen alle Dimensionen der Makro-, der Mikro- und der Innenwelt. Zur Durchführung der Situationsanalyse wurden eine

Vielzahl von Methoden entwickelt, von denen nachfolgend einige näher betrachtet werden. Generell kann man allerdings nicht von guten oder schlechten Methoden sprechen, da aufgrund der Rahmenbedingungen die Methoden ausgewählt werden müssen. Auf die Prognosemethoden wird im Rahmen dieses Buches nicht näher eingegangen. Entsprechende Informationen können der Marktforschungsliteratur entnommen werden. Auch hierbei gilt, es gibt keine schlechte Methode, es gibt nur die falsche Anwendung.

4.3.2 Entscheidungshilfen

Die Entscheidungshilfen zur Situationsanalyse und Prognose können in drei große Gruppen eingeteilt werden, wobei einige Instrumente der Gruppen in Tabelle 4.1 aufgeführt sind.

Tabelle 4.1: Entscheidungshilfen zur Situationsanalyse und Prognose

Gruppe	Instrumente
Erkennen von Handlungs- und Entscheidungsspielräumen	- Chancen-Risiken-Analyse - Stärken-Schwächen-Analyse - Potenzialanalyse - Erfahrungskurve-Analyse - Lebenszyklus-Analyse - Indikatorgestützte Frühaufklärung
Aussagen über die zukünftige Entwicklung (Prognoseverfahren)	- Gleitende Durchschnitte - Trendextrapolation - Exponentielle Glättung - Regressionsanalyse - Expertenbefragung - Delphi-Methode - Szenario-Technik
Integrative Ansätze	- Marktmodelle - Portfolio-Analyse - Netzwerke, ganzheitliche Ansätze - Papier-Computer

4.3.2.1 Chancen-Risiken-Analyse

Die Chancen-Risiken-Analyse bezieht sich auf die Analyse der Umwelt des Unternehmens. Hierbei geht es in erster Linie darum, strategische Diskontinuitäten frühzeitig aufzuspüren, um entweder die Chancen nutzen oder die Risiken abwehren bzw. sich darauf einstellen zu können. Die Klassifizierung der Chancen erfolgt anhand der Kriterien:

- Attraktivität für das Unternehmen,
- Eintrittswahrscheinlichkeit und
- Ressourcenbedarf.

Die Risiken werden entsprechend bewertet, wobei die Attraktivität durch das Gefährdungspotential ersetzt wird.

Beispiel 4.2: Chancen und Risiken für einen Automobilhersteller

Für einen Automobilhersteller könnten sich Chancen z. B. durch die Öffnung weiterer Märkte (China etc.), die Entwicklung neuer Materialien oder effizienterer Montagetechniken ergeben. Autobahngebühren, das Auftreten neuer Konkurrenten aus Süd-Ost-Asien oder die Erhöhung der Mineralölsteuer sind dagegen Risiken, mit denen sich diese Unternehmen auseinandersetzen müssen.

4.3.2.2 Stärken-Schwächen-Analyse

Im Gegensatz zur Chancen-Risiken-Analyse wird bei der Stärken-Schwächen-Analyse ein Vergleich der eigenen Fähigkeiten mit denen der Konkurrenz durchgeführt. Üblicherweise wird das Ergebnis derartiger Analysen wie in Abbildung 4.2 dargestellt. Zu beachten ist hierbei, dass nicht nur der Vergleich zu den Hauptkonkurrenten durchgeführt wird, sondern man bei jeder Stärke oder Schwäche feststellen muss, ob sich dadurch ein marktwirksamer, d. h. für die Kaufentscheidung der Nachfrager entscheidender Vorteil bzw. Nachteil ergibt. Kriterien, die aus der Sicht der Kunden unwichtig sind, können vernachlässigt werden. Die Relevanz der einzelnen Kriterien ist aber kontinuierlich zu überprüfen, da sich die Anforderungen der Kunden im Zeitverlauf verändern können.

Beispiel 4.3: Stärken-Schwächen-Profil

Ein Unternehmen hat durch eine Kundenbefragung festgestellt, dass die in Abbildung 4.2 dargestellten Kriterien für die Wettbewerbsstellung relevant sind. Zusätzlich zu den von den Kunden bewerteten Kriterien wurden Kriterien aufgenommen, die für die Erfüllung der Kundenwünsche notwendig sind (Finanzkraft, Marketing-Know-how etc.). Ein Vergleich der eigenen Situation mit der des Hauptkonkurrenten ergab das in Abbildung 4.2 dargestellte Ergebnis. Man kann erkennen, dass das Unternehmen in den Bereichen Produktsortiment, Lieferfristen und Marketing-Know-how relative Stärken hat, wohingegen bei der Finanzkraft, dem Preis-Leistungs-Verhältnis und der Beraterqualität der Konkurrent Vorteile aufweist. Bevor aber weitere Schritte ergriffen werden können, muss festgestellt werden, welche der Kriterien für den Kunden besonders wichtig sind.

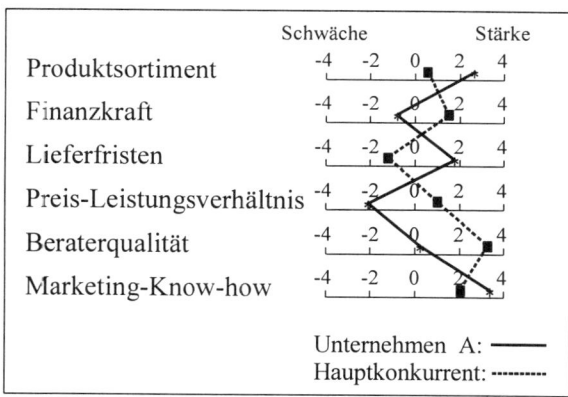

Abbildung 4.2: Stärken-Schwächen-Profil

4.3.2.3 SOFT (SWOT) - Analyse

Die SOFT- bzw. SWOT-Analyse verbindet die Ergebnisse der Chancen-Risiken- mit denen der Stärken-Schwächen-Analyse. Als Ergebnis ergibt sich die in Abbildung 4.3 dargestellte Übersicht. Treffen Chancen und Stärken zusammen, sollte investiert werden, wohingegen Stärken in Risikosituationen dazu genutzt werden können, das Risiko aktiv aufzunehmen und entsprechend zu agieren. Eigene Schwächen bei Chancen aus der Umwelt sollten schnellstmöglich ausgeglichen werden. Droht ein Risiko auf das Unternehmen zuzukommen und liegen in den davon betroffenen Bereichen Schwächen vor, dann sollte man die Flucht ergreifen, bzw. eine Grundabsicherung vornehmen.

	Chancen	Risiken
Stärken	Investieren	Absicherung
Schwächen	Ausgleichen	Grundabsicherung

Abbildung 4.3: Die SOFT- (SWOT) - Analyse

Die Bezeichnung dieser Analyseform stammt aus der englischen Übersetzung der einzelnen Dimensionen:

S = Strengths (Stärken)
O = Opportunities (Chancen)
F = Failure (Mangel/Schwächen)
W = Weaknesses (Schwächen)
T = Threats (Risiken/Drohung)

4.3.2.4 Erfahrungskurven-Analyse

Die Erfahrungskurven-Analyse beruht auf der empirischen Erkenntnis, dass mit zunehmender kumulierter Fertigungsmenge die Stückkosten für das Produkt rückläufig sind. Diese Kosteneinsparungen werden in der Regel über eine größere Routine im Fertigungs- sowie in den anderen Bereichen erzielt. Die Vergangenheit zeigte, dass bei einer Verdoppelung der kumulierten Produktionsmenge Stückkostensenkungen von 20 % bis 30 % realisiert werden konnten. Diese Werte beziehen sich allerdings auf die Potenziale und werden nicht automatisch erreicht. Nur wenn alle Optimierungsmöglichkeiten umgesetzt werden, können sich Einsparungen in der genannten Höhe ergeben.

4.3.2.5 Lebenszyklus-Analyse

Der Produktlebenszyklus ist ein idealisierter Verlauf von der Produktentwicklung bis zur Produktelimination, wobei die analogen Überlegungen auch für Märkte durchgeführt werden können. Üblicherweise unterteilt man die Marktphasen des Produktlebens in fünf Abschnitte (vgl. Abbildung 4.4). Wird der Bezug nicht zum Umsatz sondern z. B. zum Gewinn analysiert, kann zusätzlich die Entwicklungsphase in die Darstellung mit einbezogen werden.

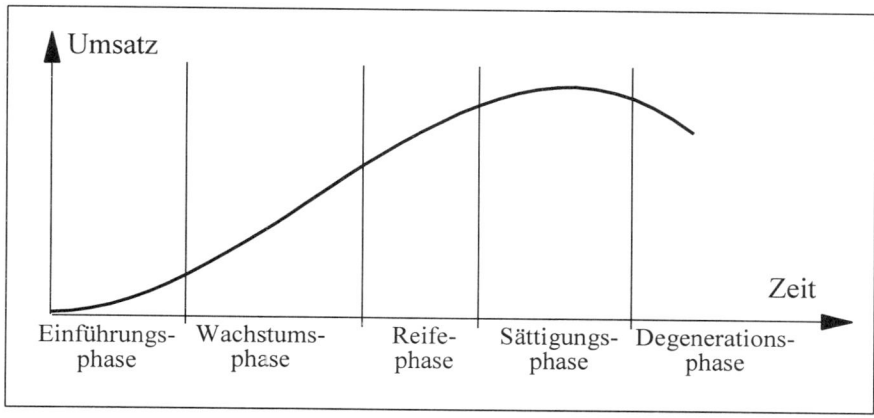

Abbildung 4.4: Der Produktlebenszyklus

Der exakte Übergang von einer zur anderen Phase lässt sich in der Praxis in der Regel nicht bestimmen, trotzdem ist der Produktlebenszyklus eine häufig eingesetzte Entscheidungshilfe, da für die einzelnen Phasen ganz typische Aussagen getroffen werden können (vgl. Tabelle 4.2).

Tabelle 4.2: Der Produktlebenszyklus

Phase	Merkmal
Einführungsphase	Ein neues Produktangebot muss mit hohen Investitionen in den Markt eingeführt, Bekanntheit und Distribution aufgebaut werden. Auf der Kundenseite können zunächst nur die Innovatoren erreicht werden, andererseits gibt es aber noch kein Konkurrenzprodukt.

Tabelle 4.2: Produktlebenszyklus (Fortsetzung)

Phase	Merkmal
Wachstumsphase	Der Umsatz und auch der Gewinn wächst progressiv. Die Anzahl der Kunden erhöht sich kontinuierlich und die ersten Reaktionen der Konkurrenz (Neuprodukte, Produktvariationen, Preissenkungen etc.) sind zu beobachten.
Reifephase	Das Umsatz- und Gewinnwachstum flacht ab, da einerseits die Innovationskraft nachlässt bzw. die Konkurrenz mit ihren Maßnahmen Erfolge verzeichnen kann. Andererseits können immer mehr Wiederkäufer gewonnen werden, da das Produkt nun schon länger im Markt zu finden ist. Auch der Käuferkreis nimmt weiterhin zu.
Sättigungsphase	Obwohl immer noch vereinzelt neue Kunden gewonnen werden können, stagniert der Umsatz. Der Gewinn liegt aber auf einem sehr hohen Niveau, da für das Produkt nicht mehr so viele Marketingaktivitäten notwendig sind. Eventuell könnte man durch einen Relaunch wieder in den Bereich wachsender Umsätze zurückkehren.
Degenerationsphase	Das Produkt verliert mehr und mehr an Umsatz. Offensichtlich genügt es nicht mehr den Kundenanforderungen. Über eine Elimination sollte man intensiv nachdenken.

4.3.2.6 Portfolio-Analyse

Die Portfolio-Analyse ist eine der am häufigsten eingesetzten Entscheidungshilfen im Rahmen der Situationsanalyse. Nachfolgend werden zwei alternative Ansätze näher behandelt.

Marktwachstums-Marktanteils-Portfolio
Dieser Portfolioansatz wurde von der Boston Consulting Group entwickelt und gehört mit zu den bekanntesten Ansätzen dieser Art. Der Aufbau des

Portfolios beruht auf den Inhalten der Erfahrungskurven-Analyse und der Lebenszyklus-Analyse. Hierbei wurde versucht, ein Instrument zu entwickeln, mit dessen Hilfe sofort eine Grobbewertung aller SGEs durchgeführt werden kann. Das Ergebnis ist eine zweidimensionale Darstellung, wobei auf der einen Achse die Marktattraktivität und auf der anderen Seite die eigene Stellung im Vergleich zur Konkurrenz abgetragen werden. Die Boston Consulting Group wählte zur Beschreibung der Marktattraktivität das Marktwachstum und für die eigene Stärke den relativen Marktanteil, der sich als Quotient aus dem eigenen Marktanteil und dem Marktanteil des Hauptkonkurrenten ergibt (vgl. Abbildung 4.5).

Beispiel 4.4: Marktwachstums-Marktanteils-Portfolio

Um einen schnellen Überblick über ihre fünf strategischen Geschäftseinheiten zu erhalten, ordnet die Geschäftsführung an, dass ein Marktwachstums-Marktanteils-Portfolio angefertigt wird, in dem die SGE eingetragen werden. Die Umsatzbedeutung der SGE soll durch die Größe der Kreise dargestellt werden. Das Ergebnis dieser Analyse ist in Abbildung 4.5 dargestellt.

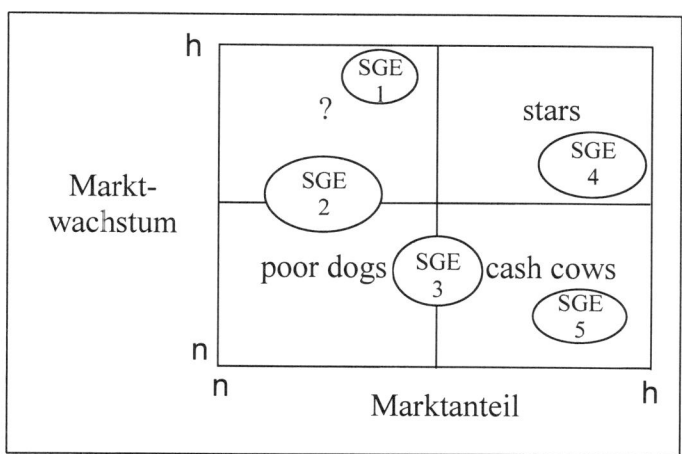

Abbildung 4.5: Marktwachstums-Marktanteils-Portfolio

Die Schlüsse, die die Geschäftsleitung aus dieser Darstellung ziehen kann, sind in Tabelle 4.3 zusammengefasst.

Tabelle 4.3: Marktwachstums-Marktanteils-Portfolio

Question marks	Chance, durch Ausbau der Marktstellung einen Star aufzubauen, Risiko, dass Kapital gebunden wird, was an anderer Stelle effizienter eingesetzt werden könnte. In der Regel das Startfeld für Produktinnovationen.
Stars	Hoher Finanzbedarf, um in einem dynamischen Markt die Marktstellung halten zu können. Wichtig, um später starke Cash cows zu haben.
Cash Cows	Durch die geringe Marktattraktivität sind die Konkurrenzaktivitäten relativ gering, dadurch können aufgrund der starken Marktstellung ohne größere Unterstützung große Mengen verkauft und hohe Gewinne erzielt werden.
Poor dogs	Bei den armen Hunden sollte auf Investitionen verzichtet werden. Die Aktivitäten sind auf das allernotwendigste zu beschränken. Über eine Elimination sollte nachgedacht werden.

Die Kritik gegen dieses Portfolios bezieht sich darauf, dass nur zwei Kriterien zur Bewertung herangezogen werden, die Messung der Achsenkriterien schwierig ist, Synergieeffekte zwischen den SGE's sowie Konkurrenten unberücksichtigt bleiben und der Ansatz für stagnierende oder schrumpfende Märkte ungeeignet ist.

Als Reaktion auf die vielen stagnierenden und schrumpfenden Märkte, die in der heutigen Zeit vorzufinden sind, kann eine Erweiterung des Portfolios nach unten vorgenommen werden, indem die Ordinate um einen Bereich des negativen Wachstums nach unten ergänzt wird. Die sich hieraus ergebenden Felder werden mit „Underdog" und „Bucket" bezeichnet. SGE, die in dem Underdog-Feld (negatives Marktwachstum, niedriger Marktanteil) positioniert sind, sollten möglichst schnell eliminiert werden. Verfügt die SGE in schrumpfenden Märkten zumindest noch über einen hohen Marktanteil (Bucket), dann empfiehlt sich ein Abschöpfen der Gewinne, solange dies ohne nennenswerte Investitionen möglich ist.

Marktattraktivitäts-Wettbewerbsstärke-Portfolio

Der Ansatz von General Electric, der auch von der McKinsey Company vertreten wird, berücksichtigt die Kritik der Eindimensionalität der beiden Achsen. Sie entwickelte ein Neun-Felder-Portfolio, wobei die Achsen aus unterschiedlichen Variablen gebildet (vgl. Abbildung 4.6 und Tabelle 4.4) werden. Damit sollen einerseits die Übersichtlichkeit des Portfolios erhalten bleiben, andererseits möglichst viele relevante Einflußfaktoren berücksichtigt werden. Die Einzelkriterien für die beiden Achsen werden mit Hilfe eines Punktbewertungsschemas, eventuell mit Gewichtung, aggregiert.

Beispiel 4.5: Marktattraktivitäts-Wettbewerbsstärke-Portfolio

Ein Unternehmen verfügt über drei strategische Geschäftseinheiten, die es in einem Portfolio darstellen möchte. Zur Operationalisierung der beiden Achsen Marktattraktivität und Wettbewerbsstärke zieht es die in Tabelle 4.4 aufgeführten Variablen heran. Die Bewertung der einzelnen Variablen erfolgt auf einer Skala von 0 (sehr ungünstig) bis 1 (sehr günstig). Sind die Einzelkriterien aus der Sicht des Unternehmens nicht gleichgewichtig, kann man dies durch die Verwendung von Gewichtungsfaktoren berücksichtigen.

Tabelle 4.4: Marktattraktivitäts-Wettbewerbsstärke-Portfolio

Achsenbe-zeichnung	Einzelkriterien	SGE 1	SGE 2	SGE 3
Markt-attraktivität	- Marktvolumen	0,3	0,4	0,7
	- Marktwachstum	0,5	0,5	1,0
	- Branchenrentabilität	0,2	0,8	0,9
	- Innovationspotential	0,5	0,7	0,8
	- Markteintrittsbarrieren	0,3	0,4	0,8
	- Kundentreue	0,2	0,4	0,6
	Summe:	1,9	3,2	4,8

Achsenbe-zeichnung	Einzelkriterien	SGE 1	SGE 2	SGE 3
Wettbe-werbsstärke	- Marktanteil	0,5	0,8	0,9
	- Rentabilität	0,6	0,7	1,0
	- Kostenstruktur	0,4	0,7	0,8
	- Marketing-Know-how	0,7	0,5	0,9
	- Produktionsflexibilität	0,5	0,3	0,8
	- Vertriebsnetz	0,4	0,8	0,9
	Summe:	3,1	3,8	5,3

Das Ergebnis aus Tabelle 4.4 ist in Abbildung 4.6 umgesetzt.

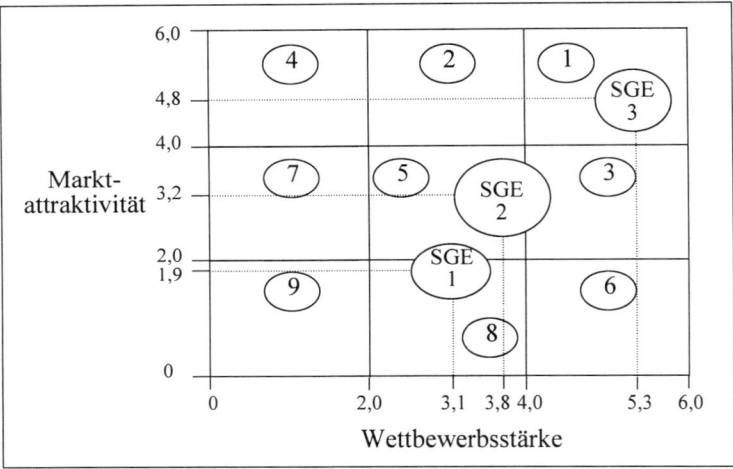

Abbildung 4.6: Marktattraktivitäts-Wettbewerbsstärke-Port-folio

Auch für dieses Portfolio wurden Normstrategien entwickelt, die dem Entscheider erste Anhaltspunkte für das weitere Vorgehen liefern sollen (vgl. Abbildung 4.6):

• *Quadranten 1, 2 und 3:* In SGEs, die in diesen Quadranten liegen, sollte investiert werden. Typische Normstrategien sind hierfür beispielsweise Marktführerschaft anstreben, Preisführerschaft anstreben, Distributionsquote steigern, Kostendegressionseffekte nutzen etc.

- *Quadranten 4, 5 und 6:* In diesen Bereich fallen die selektiven Strategien, wie zum Beispiel Spezialisierung, Risikobegrenzung, Vertriebswege straffen oder Bildung segmentspezifischer Preise.

- *Quadranten 7, 8, und 9:* Hier heißt die Empfehlung Abschöpfung und
Desinvestition. Vorhandene Potentiaze sollen zwar noch genutzt werden, insgesamt ist aber der Rückzug vorzubereiten.

Die Kritik am Marktattraktivitäts-Wettbewerbsstärke-Portfolio bezieht sich
in erster Linie auf die Zusammensetzung der Achsen, da dort Unvollstän-
digkeiten bzw. starke subjektive Einflüsse bemängelt werden. Nachteilig
ist auch, dass die Synergieeffekte zwischen den SGEs unberücksichtigt
bleiben. Wird der Aufbau des Portfolios aber sorgfältig in einem bereichs-
übergreifenden Team durchgeführt, dann stellt diese Methode ein wichtiges und effizientes Instrument im Rahmen der Situationsanalyse dar.

4.4 Zielplanung

Aufbauend auf dem Unternehmenszweck, der Unternehmensidentität
(=Corporate Identity) und den Unternehmensgrundsätzen, werden aufgrund der aktuellen und zukünftigen Rahmenbedingungen die Unterneh-
mensoberziele festgelegt. Hieraus ergeben sich die Ziele für die verschiedenen Unternehmensbereiche, u. a. für das Marketing. Die Marketinglei-
tung muss nun ein Zielsystem entwickeln, damit jedem Mitarbeiter bekannt ist, welche Ziele er erreichen soll. Bei der Festlegung von Zielen
sind drei Aspekte zu berücksichtigen:

- Zielinhalt: Was soll erreicht werden?
- Zielausmaß: Welcher Zielerreichungsgrad soll erreicht werden?
- Planungszeitraum: Bis wann soll das Ziel realisiert werden?

Ziele können sich entweder auf ökonomische, wie zum Beispiel Deckungsbeiträge, Marktanteile oder Rentabilitäten, bzw. nichtökonomische
Inhalte, wie Erhöhung des Bekanntheitsgrades, Steigerung der Kundenzufriedenheit oder Verbesserung des Images, beziehen.

4.5 Strategieplanung

4.5.1 Dimensionen einer Marketingstrategie

Im Rahmen der Marketingstrategie sind, wie bereits aufgezeigt, die strategischen Rahmenbedingungen für die weitere Vorgehensweise festzulegen. Hierbei sind folgende Fragen zu beantworten:

- Welche Geschäftsfelder sollen mit welchen Produkten bearbeitet werden?
- Wie soll man sich gegenüber den Marktteilnehmern verhalten?
- Welche Marketinginstrumente sollen wie eingesetzt werden?

Nachfolgend werden einige Alternativen zur Konkretisierung der Strategiebereiche aufgezeigt.

4.5.2 Geschäftsfeldstrategie

Die Geschäftsfeldstrategie kann, wie nachfolgend gezeigt, in unterschiedliche Bereiche gegliedert werden. Auch wenn die Darstellung sukzessive erfolgt, handelt es sich hierbei um einen Strategiebildungsprozess, bei dem die verschiedenen Teilaspekte immer wieder gegeneinander abgeglichen werden müssen, da diese nicht unabhängig voneinander sind.

4.5.2.1 Bestimmung der Geschäftsfelder

Zur Definition der strategischen Geschäftsfelder wird, wie bereits in Gliederungspunkt 4.1 aufgezeigt, der Markt in die drei Dimensionen Kundengruppe, technische Lösung (Technologie) und Kundenbedürfnis (Funktion) aufgeteilt. In den Fällen, in denen das Unternehmen unterschiedliche Regionen (Länder, Ländergruppen etc.) mit verschiedenen Strategien bearbeiten möchte, kann man als vierte Dimension die Region hinzunehmen. In diesen Fällen wird die Dimension „Kundengruppe" in die Bereiche „Kundengruppe" und „Region" aufgeteilt.

98

4.5.2.2 Wahl der Geschäftsfeldstrategie

Bei der Bestimmung der Geschäftsfeldstrategie wird in der Regel auf die Produkt-Markt-Matrix von Ansoff zurückgegriffen. Diese Matrix (vgl. Tabelle 4.5) stellt alternative Vorgehensweisen zur Auswahl, die beim Auftreten einer strategischen Lücke gewählt werden können. Von einer strategischen Lücke spricht man, wenn heute schon abzusehen ist, dass die definierten Ziele mit den bisher verfolgten Strategien nicht mehr erreicht werden können. Je früher man diese zukünftigen Abweichungen erkennt, desto erfolgversprechender sind die Gegenmaßnahmen.

Beispiel 4.6: Strategische Lücke

> Ein Unternehmen stellt fest, dass es sein strategisches Ziel bei Beibehaltung der aktuellen Strategie nicht mehr erreichen kann (vgl. Abbildung 4.7). Zur Schließung der Lücke greift es auf die Alternativen zurück, die in der Produkt-Markt-Matrix von Ansoff angegeben sind (vgl. Tabelle 4.5).

Tabelle 4.5: Produkt-Markt-Matrix

	alte Märkte	neue Märkte
alte Produkte	Marktdurchdringung	Marktentwicklung
neue Produkte	Produktentwicklung	Diversifikation

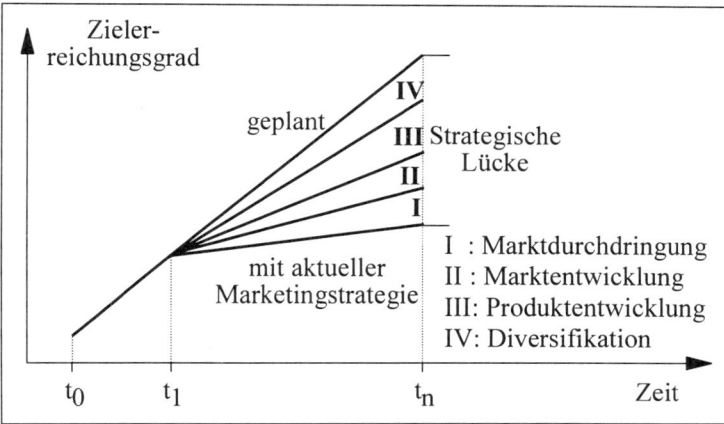

Abbildung 4.7: Die strategische Lücke

99

Im Rahmen der Marktdurchdringung versucht man zunächst, mit Hilfe einer Ausweitung der bestehenden Produkte auf den angestammten Märkten die angestrebten Ziele doch noch zu erreichen. Dies kann entweder durch die Konsumerhöhung bei den bisherigen Kunden, die Abwerbung von Kunden der Konkurrenz oder durch die Gewinnung von bisherigen Nichtverwendern der Produktkategorie erfolgen.

Sollte die Marktdurchdringung nicht ausreichen, kann über eine Marktentwicklung versucht werden, die strategische Lücke zu schließen. Diese Vorgehensweise hat gegenüber der Produktentwicklung den Vorteil, dass die bisher genutzte Technologie und das Produkt-Know-how weiterhin genutzt werden kann und „nur" das Vermarktungskonzept und die Distribution neu strukturiert werden muss.

Sollten auch nach der Produktentwicklung die Ziele nicht erreichbar sein, muss über eine Diversifizierung nachgedacht werden. Hierbei versucht das Unternehmen mit neuen Produkten auf neuen Märkten erfolgreich zu sein, wobei ihm generell drei Diversifizierungsrichtungen offenstehen:

- Horizontal
  Bei der horizontalen Diversifikation erfolgt praktisch eine Sortimentsausweitung, wobei in der Regel die bisherigen Kunden angesprochen werden sollen. Produktionstechnisch gesehen, gibt es keine unmittelbare Verbindung zwischen den alten und den neuen Produkten.

- Vertikal
  Im Gegensatz zur horizontalen Diversifikation versucht man bei der vertikalen Diversifikation, vor- oder nachgelagerte Produktionsstufen selbst zu übernehmen.

- Lateral
  Von lateraler Diversifikation spricht man, wenn weder von der Kunden- noch von der produktionstechnischen Seite Verbindungen zur bisherigen Marktbearbeitung vorliegen. Diese Vorgehensweise wird häufig gewählt, wenn man von guten Wachstumschancen profitieren oder sein Risiko streuen möchte.

100

Weitere Entscheidungshilfen bei der Festlegung der Geschäftsfeldstrategie sind die unter Gliederungspunkt 4.3.2.5 beschriebene Lebenszyklus- bzw. unter 4.3.2.6 diskutierte Portfolioanalyse.

4.5.2.3 Marktabdeckung

Werden die Geschäftsfelder weiter untergliedert, muss man bestimmen, in welchem Umfang der Markt bearbeitet werden soll. Betrachtet man einerseits die für diesen Markt relevanten Produkte (Produktgruppen), andererseits die Teilmärkte, ergeben sich fünf alternative Vorgehensweisen:

- Konzentration, d. h. es wird nur ein Produkt auf einem Teilmarkt angeboten,
- Marktspezialisierung, d. h., auf einem speziellen Teilmarkt werden alle Produkte angeboten,
- Produktspezialisierung, d. h., ein Produkt wird auf allen Teilmärkten angeboten,
- selektive Spezialisierung, d. h., unterschiedliche Produkte werden jeweils nur auf speziellen Teilmärkten angeboten und
- volle Marktabdeckung, d. h., es werden alle Produkte auf allen Teilmärkten angeboten.

4.5.2.4 Differenzierung vom Wettbewerb

Zur Sicherung einer langfristig stabilen Position auf den Märkten muss ein kommunizier- und erkennbarer Wettbewerbsvorteil vorhanden sein, wobei dieser Vorteil zum Beispiel in den Dimensionen, Kosten bzw. Preis, Qualität, Innovationsgrad, Sortiment, Service, Distributionsnetz (Erreichbarkeit), Technologie etc. liegen kann.

Eine parallele Betrachtung der Marktabdeckung und der Wettbewerbsvorteile stellt eine bekannte Darstellung von Porter dar (vgl. Abbildung 4.8).

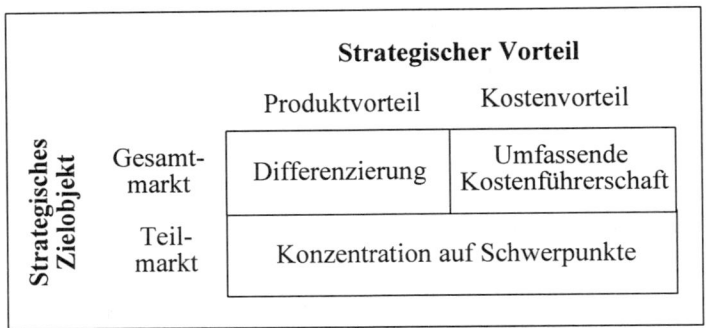

Abbildung 4.8: Wettbewerbsmatrix von Porter

Voraussetzung einer erfolgreichen Differenzierung sind u. a. ein exklusiver Ruf, ein markantes Produktdesign, finanzielle Mittel, die Bereitschaft, in neue Technologie zu investieren, Verwendung hochqualitativer Inputfaktoren und die Verinnerlichung der Differenzierungsstrategie bei allen Mitarbeitern. Ziel der Bemühungen ist es, durch eine Heraushebung der Produktvorteile die Stellung des Preises als Kaufargument abzuschwächen.

Die Kostenführerschaft, bei der durch günstige Produktionskosten niedrige Verkaufspreise realisiert werden, können nur die Unternehmen erreichen, die große Verkaufsmengen aufweisen (Erfahrungskurveneffekt) und die Ausgaben für Forschung und Entwicklung, Service, Außendienst, Werbung u. s. w. auf das Notwendigste beschränken.

Die Wahl zwischen Differenzierung oder Kostenvorteil haben die Unternehmen in der heutigen Zeit in vielen Märkten allerdings nicht mehr. Die Marktverhältnisse zwingen die Anbieter dazu, trotz Differenzierung alle Kosteneinsparungspotentiale konsequent zu nutzen und an die Verbraucher in Form von Preissenkungen weiterzugeben.

4.5.3 Marktteilnehmerstrategie

4.5.3.1 Generelle Marktbearbeitung

Im Rahmen der Marktbearbeitungsstrategie muss zunächst festgelegt werden, ob den einzelnen Marktteilnehmern mit einer undifferenzierten oder mit einer differenzierten Strategie gegenübergetreten werden soll. Die Entscheidung hierüber wird einerseits durch den Homogenitätsgrad der Marktteilnehmergruppen, andererseits durch die Ressourcen des Unternehmens bestimmt.

4.5.3.2 Abnehmerorientiertes Verhalten

Das Auftreten gegenüber den Abnehmern wird durch die verfolgten Wettbewerbsabgrenzungen (vgl. Gliederungspunkt 4.5.2.4) festgelegt. Soll hierbei zwischen unterschiedlichen Abnehmergruppen differenziert werden, müssen zunächst mit Hilfe der Methoden der Marktsegmentierung die Marktsegmente identifiziert werden, für die sich eine eigenständige Marktbearbeitung lohnt. Übliche Kriterien, die zur Marktsegmentierung herangezogen werden sind:

- sozio-ökonomische:
  Alter, Beruf, Einkommen, Bildung, Familienstand, soziale Schicht, Familienlebenszyklus, etc.,
- psychographische Kriterien:
  Persönlichkeitsmerkmale, Präferenzen, Kaufabsichten etc.,
- beobachtetes Konsumverhalten:
  Preisverhalten, Einkaufsstättenwahl, Produktwahl etc.

Beispiel 4.7: Kaufverhalten

Die Kunden können beispielsweise danach eingeteilt werden, ob sie in erster Linie Sonderangebote kaufen, den gehobenen Fachhandel bevorzugen oder nur besonders gesunde Nahrungsmittel einkaufen.

4.5.3.3 Konkurrenzorientiertes Verhalten

Bei der Festlegung des Verhaltens gegenüber der Konkurrenz muss man zunächst entscheiden, ob man dem Wettbewerb aus dem Weg gehen möchte oder nicht. Der Wettbewerb kann vermieden werden, wenn man sich in eine Marktnische zurückzieht oder versucht, seine Aktivitäten an die des Konkurrenten anzupassen (Preisentwicklung, Distribution, Sortiment etc.).

Stellt man sich dem Wettbewerb, kann dies einerseits in Form einer Kooperation, die alle besser stellen soll als in der Ausgangssituation, andererseits im offenen Konflikt geschehen. Konfliktstrategien zielen in der Regel darauf ab, dem Konkurrenten Marktanteile wegzunehmen oder ihn ganz vom Markt zu verdrängen, um die eigene Position zu stärken.

4.5.3.4 Absatzmittlerorientiertes Verhalten

Die heute in vielen Märkten übliche Form des Umgangs zwischen Hersteller und Händler kann als Kooperationsstrategie bezeichnet werden. In diesen Fällen versuchen beide Seiten gemeinsam ihren Gewinn zu erhöhen. Alternativ hierzu kann eine Ausweichstrategie gewählt werden, indem durch den Direktvertrieb der Handel umgangen wird. Diese Vorgehensweise ist aber in vielen Branchen, insbesondere im Konsumgüterbereich, nicht durchführbar. Zu Konflikten (Konfliktstrategie) kommt es in den Fällen, in denen die Marketingführerschaft im Absatzkanal nicht eindeutig geklärt ist. Hier wird letztendlich derjenige sich durchsetzen können, der über eine bessere Machtposition verfügt. Im Rahmen einer Anpassungsstrategie akzeptiert der Hersteller die Vorgaben des Absatzmittlers, obwohl er dadurch den Anspruch einer marktorientierten Unternehmensführung praktisch aufgibt. Zu so einem Verhalten kommt es entweder, wenn die Machtverhältnisse sehr zu Ungunsten des Anbieters verteilt sind oder wenn dieses Verhalten in der Branche üblich ist.

4.5.4 Marketinginstrumentestrategie

Im Rahmen der Planung der Marketinginstrumentestrategie müssen die Vorgaben für die einzelnen Bereiche des Marketingmix gemacht werden. Hierbei ist zu beachten, dass sich ein in sich konsistentes System ergibt, was dazu geeignet ist, die zuvor getroffenen Entscheidungen zu unterstützen. Strebt man zum Beispiel eine Qualitätspositionierung an, dann muss dies in der Produkt-, Entgelt-, Distributions- und Kommunikationspolitik entsprechend berücksichtigt werden.

4.6 Maßnahmenplanung

Ziel der Maßnahmenplanung ist die Festlegung des Marketingmix, mit dessen Hilfe die strategischen Vorgaben umgesetzt werden sollen. Unter dem Marketing-Mix versteht man die Auswahl, Gewichtung und Ausgestaltung der Marketinginstrumente zu einem bestimmten Zeitpunkt. Die einzelnen Marketinginstrumente werden in den nächsten Gliederungspunkten ausführlich behandelt.

Bei der Bestimmung der einzelnen Komponenten des Marketingmix sind insbesondere folgende Punkte zu beachten:

- es gibt eine Vielzahl möglicher Kombinationen der Marketinginstrumente,
- die Maßnahmen sind nicht voneinander unabhängig, d. h. es treten Interdependenzen auf,
- die Wirkung der einzelnen Marketingmaßnahmen kann in vielen Fällen nur grob abgeschätzt werden und
- in der Regel müssen zeitliche und finanzielle Ressourcen berücksichtigt werden.

Nach der Maßnahmenplanung erfolgt die Budgetierung, d. h. die Erstellung von in Geldeinheiten quantifizierten Vorgaben für einzelne Organisationseinheiten. Diese Budgets geben den finanziellen Rahmen wieder, der im Planungs- bzw. Budgetierungszeitraum für die einzelnen Produkte bzw. Organisationseinheiten zur Verfügung steht. Die Bestimmung des Budgets muss sich natürlich an der Marketingstrategie und den zu deren Umsetzung vorgesehenen Marketingmaßnahmen orientieren. Sollten finanzielle Probleme auftreten, ist der gesamte Planungsprozess neu zu starten. Die beste strategische und operative Planung ist nutzlos, wenn die zur Realisierung notwendigen Mittel nicht verfügbar sind.

Übungsaufgaben zum 4. Kapitel

Aufgabe 4.1:
Worin liegt der Unterschied zwischen strategischen Geschäftseinheiten und strategischen Geschäftsfeldern?

Aufgabe 4.2:
Aus welchen Elementen besteht ein Marketingplan?

Aufgabe 4.3:
Welche Aussagen kann man mit Hilfe einer SOFT-Analyse treffen?

Aufgabe 4.4:
Worin liegen die Stärken bzw. Schwächen des Marktattraktivitäts-Wettbewerbsstärke-Portfolios?

Aufgabe 4.5:

Was ist bei der Festlegung von Zielen zu beachten?

Aufgabe 4.6:

Was versteht man unter einer strategischen Lücke und welche Möglichkeiten gibt es, diese Lücke zu schließen?

Aufgabe 4.7:

Welche Möglichkeiten gibt es, sich vom Wettbewerber zu differenzieren?

Aufgabe 4.8:

Was ist bei der Bestimmung des Marketingmix zu beachten?

5 Produkt- und Sortimentspolitik

Im Rahmen der Produkt- und Sortimentspolitik werden die Entscheidungen über das aktuelle und zukünftige Produktsortiment getroffen. Aufgrund der zunehmenden Bedeutung von Leistungen, die nicht unmittelbar zum Produkt gehören, vom Kunden aber gefordert werden, wird dieser Bereich in einem eigenen Gliederungspunkt kurz aufgegriffen.

5.1 Produktpolitik

Im Rahmen der Produktpolitik sind drei wesentliche Entscheidungen zu treffen. Zunächst muss die Frage beantwortet werden, welche neuen Produkte in den Markt eingeführt werden sollen. Im Bereich der Produktvariation wird der Relaunch bzw. die Line-extension behandelt, wobei der Übergang von der Produktinnovation zum Relaunch oder der Line-extension nicht immer genau bestimmt werden kann. Am Ende des Produktlebenszyklusses ist die Produktelimination zu planen und durchzuführen.

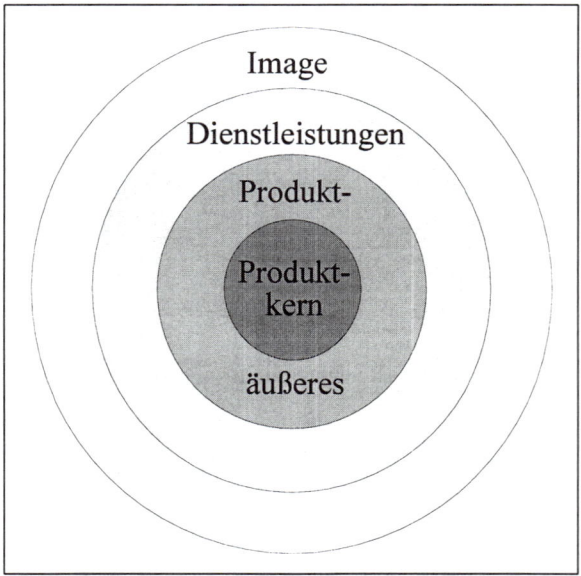

Abbildung 5.1: Produktelemente

Bei der Beschreibung eines Produktes sind unterschiedliche Dimensionen zu unterscheiden (vgl. Abbildung 5.1), da die Zeit, in der ein Produkt nur nach dem Produktkern beurteilt wurde, lange vorbei ist.

Beispiel 5.1: Produktelemente eines Montblanc-Füllfederhalters

Der Produktkern beschreibt die physikalischen und die funktionalen Eigenschaften des Produktes. Dies sind beim Füllfederhalter die Materialien, aus denen er gefertigt ist sowie die Schreibfunktion. Das Produktäußere hat zwar unmittelbar mit dem Produkt zu tun, ist für dessen Funktionalität in der Regel aber nicht relevant, wenn das Produkt nicht nur wegen dieser Äußerlichkeiten gekauft wird. Das Produktäußere umfasst die Farbe, das Design, die Form, die Verpackung etc. des Produkts. Als Dienstleistung bietet Montblanc zum Beispiel die Garantie, dass der Füllfederhalter weltweit von Montblanc-Servicestellen fachgerecht repariert wird. Den äußersten Bereich eines Produktes bildet dessen Image, als die Summe der subjektiven Einstellungen seitens der Kunden. Die wesentlichen Imagedimensionen von Montblanc sind u. a. hochwertige Schreibkultur, beste Verarbeitung, dauerhafte Wertanlage und weltweiter Service.

5.1.1 Produktinnovation

Der Produktinnovationsprozess startet immer dann, wenn man festgestellt hat, dass die gesetzten Ziele mit dem aktuellen Sortiment nicht erreicht werden können (vgl. Abbildung 5.2). Ein Unternehmen kann auf Produktinnovationen jahrelang verzichten, wenn es mit dem bestehenden Sortiment seine kurz- und langfristigen Ziele realisieren kann. Diese Situation trifft allerdings nur für sehr wenige Unternehmen zu.

Nach der Ideenproduktion wird mit Hilfe eines Screening eine erste Bewertung der Ideen vorgenommen, bevor für die prüfenswerten Ideen eine Wirtschaftlichkeitsanalyse durchgeführt wird. Anschließend kann die eigentliche Produktentwicklung beginnen.

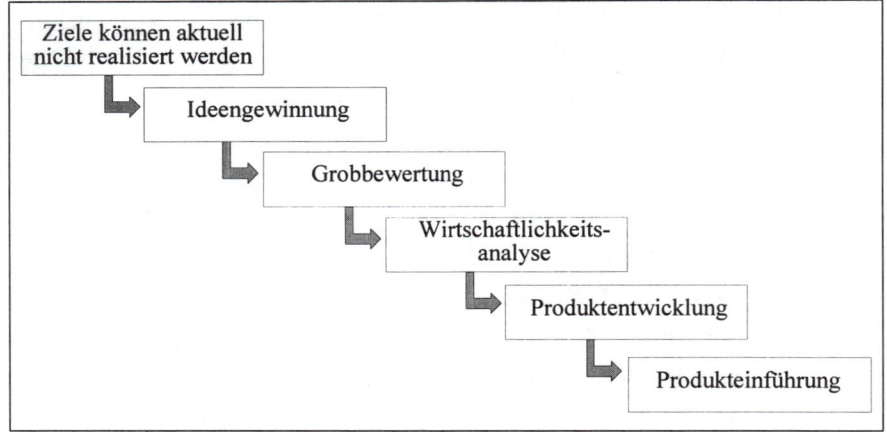

Abbildung 5.2: Planung einer Produktinnovation

5.1.1.1 Ideengewinnung

Zur Gewinnung neuer Ideen kann man entweder unterschiedliche Ideen-quellen (vgl. Tabelle 5.1) oder Verfahren zur Ideenproduktion heranziehen (vgl. Abbildung 5.3).

Tabelle 5.1: Ideenquellen (Beispiele)

Interne Quellen	- Außendienst
	- Marketingabteilung
	- F&E-Abteilung
	- Produktionsabteilung
	- Mitarbeiter (innerbetrieblichen Vorschlagswesen)
	- Patentabteilung etc.
Externe Quellen	- Kunden
	- Lieferanten
	- Erfinder
	- Forschungsinstitute / Hochschulen
	- Konkurrenz
	- Handel
	- Verbände
	- Marktneuheiten auf anderen Märkten etc.

Die Verfahren zur Ideenproduktion kann man in die intuitiven und die diskursiven Verfahren einteilen (vgl. Abbildung 5.3). Nachfolgend wird exemplarisch das Brainstorming kurz beschrieben.

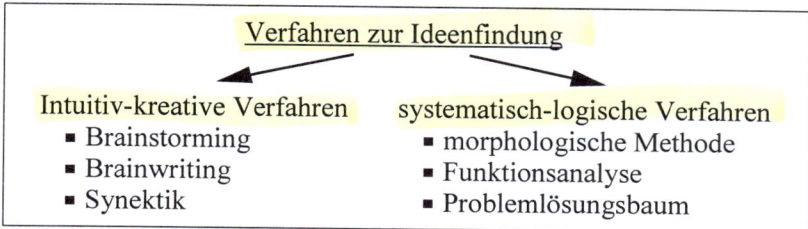

Abbildung 5.3: Verfahren zur Ideenfindung

Brainstorming

Die Grundidee des Brainstorming ist, dass Ideen, die andere Teilnehmer nennen, spontan aufgegriffen und weiterentwickelt werden sollen, um so eine möglichst große Anzahl von Ideen zu erhalten. Um dieses Ziel zu erreichen, müssen bestimmte Rahmenbedingungen eingehalten werden:

- es sollten zwischen 6 und 12 Teilnehmern an einer Brainstorming-Sitzung teilnehmen,
- die Dauer der Sitzung sollte 60 Minuten (häufig werden in der Literatur auch 30 Minuten genannt) nicht überschreiten,
- es geht Quantität vor Qualität,
- Kritik oder Gegenargumente sind verboten,
- es gibt keine Urheberrechte an Ideen,
- der Teilnehmerkreis ist bewusst zusammenzustellen, es sollten nicht alle Mitglieder aus einer Abteilung stammen. Weiterhin ist zu beachten, dass keine Probleme aufgrund der unterschiedlichen Hierarchie der Teilnehmer auftreten.

5.1.1.2 Grobbewertung

Nachdem die Ideengenerierung abgeschlossen ist, wird im nächsten Schritt mit Hilfe eines Punktbewertungsschemas eine Grobbewertung dieser Ideen vorgenommen.

Beispiel 5.2: Ideengrobbewertung

In einem Unternehmen wurden im Rahmen einer Ideensuche für ein neues Produkt eine Vielzahl von neuen Ideen generiert. Jetzt soll mit Hilfe eines Punktbewertungsschemas eine Grobauswahl getroffen werden. Zunächst werden die für relevant angesehenen Kriterien ermittelt und gewichtet. In einem ersten Probelauf, bei dem nur die Ideen A und B berücksichtigt wurden, ergab sich das in Tabelle 5.2 dargestellte Ergebnis. Die Bewertungsskala pro Kriterium ging von 10 (sehr gut) bis 0 (sehr schlecht).

Tabelle 5.2: Punktbewertungsschema

Kriterium	Gewich-tung	Idee A	Bew. Idee A	Idee B	Bew. Idee B
Marktpotenzial	0,20	8	1,60	6	1,20
Exklusivität	0,30	6	1,80	9	2,70
Marktstellung	0,10	4	0,40	8	0,80
Einsatz des eigenen technischen Know-hows	0,15	7	1,05	5	0,75
Preis-Leistungs-verhältnis	0,25	7	1,75	8	2,0
Ergebnis	1,00		6,60		7,45

In Tabelle 5.2 wird deutlich, dass aufgrund der vom Unternehmen gewählten Bewertungskriterien Idee B deutlich besser als Idee A abschneidet.

Eine weitere Variante des Punktbewertungsschemas ergibt sich, wenn das Unternehmen eine Mindestpunktzahl definiert, und generell nur dann eine Idee weiterverfolgt, wenn dieser Standard erreicht wurde. Die Höhe des Standards muss unternehmensspezifisch festgelegt werden. Hierzu können z. B. Erfahrungswerte aus früheren Projekten herangezogen werden. Läge dieser Standard beispielsweise bei 7,5 Punkten, dann würde weder Idee A noch Idee B weiterverfolgt werden. Dies bedeutet, dass der Ideengewinnungsprozess neu gestartet wird.

5.1.1.3 Wirtschaftlichkeitsanalyse

Nachdem durch die Grobbewertung die Anzahl der möglichen Neuprodukte reduziert wurde, müssen Wirtschaftlichkeitsanalysen durchgeführt werden. Nachfolgend werden die Break-Even-Analyse und die Kapitalwertmethode vorgestellt. Weitere Investitionsverfahren sind im Band „Intensivtraining Investition" dieser Reihe ausführlich dargestellt.

Break-Even-Analyse

Die Break-Even-Analyse beantwortet die Frage, ab welcher Menge (= Break-Even-Menge) alle bisher entstandenen Kosten eines Neuprodukts durch entsprechende Umsätze abgedeckt sind. Formal lässt sich dies wie folgt ausdrücken:

$$p * x_b = F + v * x_B$$

x_B = Break-Even-Menge
p = Marktpreis pro Mengeneinheit
F = alle bisher entstandenen Fixkosten (inkl. der Entwicklungskosten)
v = variable Kosten zur Herstellung einer Mengeneinheit von x

Die Break-Even-Menge ergibt sich somit als:

$$x_B = \frac{F}{(p - v)}$$

Liegt die Break-Even-Menge unter der geplanten Verkaufsmenge, dann wird das Projekt weiterverfolgt, im umgekehrten Fall wird es abgebrochen.

Beispiel 5.3: Break-Even-Analyse

Aufgrund umfangreicher Analysen ergeben sich bezüglich der Neuproduktplanung folgende Planwerte, wobei es sich hierbei um Schätzungen handelt:

Kosten für die Produktentwicklung und die Einführungskampagne 70.000 €, Marktpreis pro Einheit 36 €, variable Kosten

113

pro Stück 22 € und eine geplante Absatzmenge in Höhe von 8.000.

Die Break-Even-Menge beträgt:

$$x_B = \frac{70.000}{(36 - 22)} = 5.000$$

Da die erwartete Menge mit 8.000 Einheiten deutlich über der Break-Even-Menge (5.000) liegt, sollte das Projekt weiterverfolgt werden.

Neben der Ermittlung der Break-Even-Menge, lässt sich mit Hilfe dieses Ansatzes auch der Zeitpunkt ermitteln, ab dem das Produkt in die Gewinnzone kommt. Je nach Unternehmen, kann auch dieses Kriterium den Ausschlag für die Weiterentwicklung von Produktideen geben.

Der Vorteil der Break-Even-Analyse ist sicherlich in ihrer einfachen Anwendung zu sehen. Trotzdem sollten die mit dieser Analyse verbundenen Nachteile nicht übersehen werden. Insbesondere sind hierbei zu nennen:

- es handelt sich um eine statische Analyse,
- es werden konstante Preise und variable Kosten unterstellt,
- es erfolgt keine Abzinsung der Zahlungsströme,
- die Aufteilung der Kosten in variable und fixe Kosten bereitet in der Regel erhebliche Schwierigkeiten,
- es wird keinerlei Risiko berücksichtigt und
- die Wirkung von Marketingmaßnahmen bleibt unberücksichtigt.

Kapitalwertmethode

Bei der Kapitalwertmethode wird explizit ein Abzinsungsfaktor, dessen Bestimmung allerdings in der Praxis erhebliche Probleme bereitet, berücksichtigt. Der Kapitalwert berechnet sich wie folgt:

$$C_0 = -A_0 + \sum_{t=1}^{n} (e_t - a_t)(1 + i)^{-t}$$

C_0 = Kapitalwert

A_0 = Entwicklungs- und Markteinführungskosten

e_t = Einzahlungen zum Zeitpunkt t

a_t = Auszahlungen zum Zeitpunkt t

t = Zeitindex

i = Kalkulationszinsfuß

Ist der Kapitalwert größer Null, dann sollte das Projekt weiterverfolgt werden, ist er dagegen negativ, bedeutet dies in der Regel das Projektende.

Beispiel 5.4: Kapitalwertmethode

Im Rahmen eines Innovationsprojektes sind folgende Plandaten verfügbar:

- Entwicklungs- und Markteinführungskosten 150.000 €
- Einzahlungen in den ersten vier Perioden: 90.000 €, 160.000 €, 240.000 € und 290.000 €.
- Auszahlungen in den ersten vier Perioden: 60.000 €, 120.000 €, 170.000 € und 210.000 €.

Wie hoch ist der Kapitalwert bei einem Kalkulationszinsfuß von i = 10 %?

$$C_0 = -150.000 + (90.000 - 60.000)*(1,1)^{-1} + ... + (290.000 - 210.000)*(1,1)^{-4}$$
$$= 17.563,69$$

Der Kapitalwert ist positiv, d. h., das Projekt sollte weiterverfolgt werden.

5.1.1.4 Produktentwicklung

Im Rahmen der Produktentwicklung sind die einzelnen Produktelemente festzulegen und entsprechend umzusetzen. Hierbei ist eine intensive Zusammenarbeit zwischen der Marketing- und der Konstruktions- und Entwicklungsabteilung notwendig. Nur durch diese Zusammenarbeit lassen sich Produkte realisieren, die einerseits den Kundenwünschen entsprechen, andererseits mit vertretbaren Kosten produziert werden können. Um sicherstellen zu können, dass die einzelnen Entwicklungsstufen immer noch den Kundenwünschen entsprechen, sollte der Produktentwicklungsprozess durch eine intensive Marktforschung unterstützt werden.

Neben den technischen Eigenschaften der Produkte sind die Namengebung, die Verpackung sowie die Einhaltung vielfältiger rechtlicher Beschränkungen wesentliche Problemstellungen im Rahmen der Produktentwicklung.

Bei der Namengebung ist insbesondere darauf zu achten, dass der Name nicht durch andere bereits geschützt ist und dass er international einsetzbar ist. Neben der Überprüfung der Schutzrechte ist im internationalen Bereich sicherzustellen, dass der ausgewählte Name nicht eine Bedeutung hat, die der mit dem Produkt verfolgten Zielsetzung entgegenläuft. Hierbei ist nicht nur die offizielle, sondern auch die Umgangssprache zu berücksichtigen.

Der Produktname kann beispielsweise den Hersteller beinhalten (BMW Z3), die Produktherkunft beschreiben (Bad Vilbeler Mineralwasser), den Produktnutzen kommunizieren (Granini Trink Genuß) oder ein Phantasiename (Punica) sein.

Die Verpackung der Produkte hat in den letzten Jahren stark an Bedeutung gewonnen und ist längst nicht nur als Transportschutz zu sehen. Verpackungen können sehr gut zum Kommunizieren des Produktnutzens und zur Beratung der Verbraucher eingesetzt werden. Darüber hinaus besteht durch die Wahl der Verpackung die Möglichkeit, sich in einem homogenen Markt von der Konkurrenz zu unterscheiden. Nicht zu unterschätzen ist die Verpackung auch in den Fällen, in denen der Wert des Produkts vermittelt werden soll. Zu denken ist hierbei in erster Linie an die Produktverpackungen in der Kosmetikbranche.

Im Zusammenhang mit den Verpackungen ist weiterhin die Verpackungsverordnung von 1991 zu berücksichtigen, die für die drei Verpackungsarten: Transportverpackung, Verkaufsverpackung und Umverpackung Rücknahmeverpflichtungen enthält.

Die Vielzahl der rechtlichen Bestimmungen, die im Zusammenhang mit der Produktpolitik zu beachten ist, ist kaum zu überschauen. Beispielhaft seien nur das Lebensmittelrecht, das Handelsklassengesetz, das Patentgesetz, das Urheberrechtsgesetz oder das Gebrauchsmustergesetz aufgeführt.

Patentiert werden können technische Erfindungen, die

- neu sind,
- durch erfinderische Tätigkeiten entstanden sind, d.h. sich nicht automatisch für Fachleute ergeben und
- gewerblich genutzt werden können.

Nicht patentierbar sind u.a.:

- wissenschaftliche Theorien bzw. mathematische Methoden,
- ästhetische Formschöpfungen und
- EDV-Programme.

5.1.1.5 Produkteinführung

Bei der Produkteinführung sind drei zentrale Fragen zu beantworten:

- Wann soll das Produkt eingeführt werden?
- Wo soll das Produkt eingeführt werden?
- Wer soll als erster das neue Produkt bekommen?

Die Frage nach dem Zeitpunkt des Markteintritts richtet sich einerseits nach bestimmten Terminen im Jahr (Messen etc.), nach den eigenen Produktionskapazitäten sowie saisonalen Aspekten. Andererseits muss festgelegt werden, ob man als Pionier, früher Folger oder später Folger auf dem Markt auftreten möchte. Die Vor- und Nachteile der Pionier- und der später Folger-Strategie sind in Tabelle 5.3 zusammengefasst, wobei der frühe Folger quasi eine mittlere Position einnimmt.

Der geographischen Markteintritt hängt von einer Vielzahl von Faktoren ab, wobei insbesondere das Marktpotenzial, die Wettbewerbslage, die Güte der Vertriebswege sowie der Warennachschub zu beachten sind. Im internationalen Bereich stellt sich auch die Frage, ob verläßliche Distributionspartner gewonnen werden können, bzw. ob die finanziellen Ressourcen ausreichen, um selbst ein Distributionsnetz aufzubauen.

Tabelle 5.3: Pionier versus später Folger

	Vorteile	Nachteile
Pionier	- Preispolitischer Spielraum - Imagevorteil - Aufbau von Kundenkontakten - Kostenvorteile (Erfahrungskurve)	- Ungewissheit über den Erfolg im Markt - Kosten für die Markterschließung - hohe F&E-Aufwendungen - Bekanntmachung der Produktgattung
Später Folger	- Niedrige F&E-Aufwendungen (Mee-too-Anbieter) - Produktgattung ist bekannt	- Bestehende Kundenbeziehungen, das Abwerben von Kunden ist teuer - Gefahr der Gewinnreduzierung durch Preiskämpfe der Etablierten - die Markteintrittsbarrieren müssen überwunden werden

Soll das Produkt nicht sofort einem großen Kundenkreis zur Verfügung gestellt werden, sind zunächst die Meinungsführer, starke Verwender oder die eigenen Stammkunden anzusprechen.

5.1.2 Produktvariation

Unter dem Begriff Produktvariation wird hier sowohl der Produktrelaunch als auch die Line-extension behandelt.

Ein Produktrelaunch wird zum Beispiel notwendig, wenn die Kunden ihre

Bedürfnisse verändern, neue Konkurrenzprodukte mit einem Zusatznutzen auf dem Markt auftreten, technologische Weiterentwicklungen verfügbar sind oder eine Veränderung der Rahmenbedingungen durch Gesetzesänderungen eingetreten ist. Darüber hinaus können auch interne Gesichtspunkte, Kosteneinsparungen, veränderte Produktionsbedingungen etc. zu diesem Schritt führen. Der Relaunch kann sich auf ein oder mehrere Produktelemente beziehen.

Im Gegensatz zum Produktrelaunch, bei dem ein Produkt durch eine neue Version ausgetauscht wird, erfolgt bei der Line-extension eine Ausweitung der Produktanzahl. Getragen durch das positive Image des etablierten Produkts, soll mit Hilfe von Zusatzvarianten bzw. -produkten der Markt noch stärker abgedeckt, bzw. neue Zielgruppen erschlossen werden.

Im Rahmen einer Line-extension müssen der Partizipations- und der Substitutionseffekt vor der Markteinführung analysiert werden. Der Partizipationseffekt tritt auf, wenn die Kunden das neue Produkt kaufen, weil sie eine positive Einstellung zu dem bisher im Markt befindlichen Produkt haben (Imagetransfer). Dieser Effekt ist gewollt und sollte aus der Sicht des Unternehmens möglichst groß sein.

Anders ist dagegen der Substitutionseffekt zu bewerten. Dieser Effekt beschreibt den Wechsel der Kunden innerhalb des Angebots eines Unternehmens. Eine neue Produktvariante erzielt zwar von Anfang an hohe Abverkaufszahlen, diese gehen aber in erster Linie zu Lasten der bisherigen Angebote des Herstellers. Der Einfluss der beiden Effekte auf den Bruttogewinn kann mit Hilfe folgender Formel abgeschätzt werden:

$$G_B = x_p * g_b - x_s * (g_a - g_b)$$

G_B = Bruttogewinn

x_p = Nachfrage durch neugewonnene Kunden (= Partizipationseffekt)

g_a = Deckungsbeitrag von Produkt A (altes Produkt)

g_b = Deckungsbeitrag von Produkt B (neues Produkt)

x_s = Nachfragewechsel von Produkt A zu Produkt B

Beispiel 5.5: Line-extension

Zur Bewertung einer Line-extension liegen folgende Angaben vor:

$x_p = 500$ Nachfrage durch neugewonnene Kunden

$g_a = 17 €$ Deckungsbeitrag von Produkt A (altes Produkt)

$g_b = 14 €$ Deckungsbeitrag von Produkt B (neues Produkt)

$x_s = 2.100$ Nachfragewechsel von Produkt A zu Produkt B

Hieraus ergibt sich:

$$G_B = 500*14 - 2.100*(14 - 17) = 700$$

Da der Bruttogewinn positiv ist, lohnt sich die Line-extension.

Neben dem Partizipations- und Substitutionseffekt sprechen eine Reihe weiterer Faktoren für bzw. gegen eine Produktdifferenzierung. Die wichtigsten Gründe sind in Tabelle 5.4 zusammengefasst, wobei die Vorteile (Nachteile) der Produktdifferenzierung automatisch die Nachteile (Vorteile) der Produktvereinheitlichung darstellen.

Tabelle 5.4: Vor- und Nachteile der Produktdifferenzierung

Vorteile der Produktdifferenzierung	Nachteile der Produktdifferenzierung
- größere Marktabdeckung	- relativ hohe Distributionskosten
- stärkere Kundenbindung	- höhere Servicekosten
- größerer preispolitischer Spielraum	- geringere Möglichkeiten zur Rationalisierung
- Differenzierungsmöglichkeiten	- schlechtere Planbarkeit
- Risikodiversifikation	- höhere Kosten

5.1.3 Produktelimination

Die Elimination von Produkten muss ebenfalls langfristig geplant werden, damit die negativen Effekte möglichst klein gehalten werden können. Mögliche Gründe für bzw. gegen eine Produktelimination sind in Tabelle 5.5 zusammengestellt.

Eine Produktelimination ist hierbei nicht automatisch mit einem Rückzug des Produktes aus dem Markt gleichzusetzen. Es besteht auch die Möglichkeit, bestimmte Produkte oder Marken zu verkaufen, so dass sich die Elimination nur auf das Unternehmen bezieht. Diese Art der Produktelimination findet man heutzutage insbesondere in den Fällen, in denen profitable Produkte bzw. Marken verkauft werden, weil sie nicht mehr in das strategische Sortiment passen.

Tabelle 5.5: Produktelimination

Gründe für eine Produkt-elimination	Gründe gegen eine Produkt-elimination
- sinkender Umsatz - sinkender Deckungsbeitrag - sinkende Rentabilität - Störungen im Produktionsablauf - negativer Einfluss auf das Unternehmensimage - neue strategische Ausrichtung - Änderung der Kundenwünsche - Änderung der gesetzlichen Rahmenbedingungen - neuere Technologie etc.	- hohe Marktaustrittsbarrieren, z. B. Sozialplan - Verbundeffekte zu anderen Produkten - Imageverlust - Rückgang der Kapazitätsauslastung - langfristige Lieferverträge - positive Deckungsbeiträge etc.

5.1.4 Produktnebenleistungen

Neben der eigentlichen Produktleistung gewinnen Produktnebenleistungen immer mehr an Bedeutung. Dies trifft nicht nur auf den Investitionsgüterbereich, wo diese Leistungsart schon immer viel stärker aufgetreten ist, sondern auch für Konsumgüter und Dienstleistungen zu. In vielen Fällen sind die Produktnebenleistungen die einzige Möglichkeit, sich von der Konkurrenz zu differenzieren, weil die Produkte nahezu homogen und damit problemlos austauschbar sind. Vor dem Kauf könnte zum Beispiel eine ausführliche Beratung über das Kaufobjekt sowie alternative Finanzierungsformen erfolgen. Nach dem Kauf wird der Kunde durch eine Hotline, Schulungs- und Serviceangeboten auch über den Kauf hinaus an das

Unternehmen gebunden. In Tabelle 5.6 sind einige Produktnebenleistungen aufgeführt, wobei man zwischen den Leistungen vor dem Kauf und nach Vertragsabschluss unterscheidet.

Tabelle 5.6: Produktnebenleistungen

Produktnebenleistungen vor dem Kauf	Produktnebenleistungen nach dem Kauf
- Problemanalyse	- Montage
- Beratung	- Service
- Finanzierungsleistungen	- Hot-line
- Proben bzw. Muster	- Kulanzleistungen
- Zahlungsziel	- Schulung
- Vergleichsstudien	- Garantieleistungen
- Geldzurückgarantien etc.	

5.2 Sortimentspolitik

Sortimentsanalysen kann man zum Beispiel mit Hilfe des Produktlebenszyklusses oder der Portfolio-Analyse durchführen. Die Vorgehensweise bei der Anwendung dieser Methoden wurde in Gliederungspunkt 4.3.2 schon ausführlich diskutiert, so dass an dieser Stelle auf weitere Ausführungen verzichtet wird. Ideal sieht die Altersstruktur eines Sortiments aus, wenn das Unternehmen noch möglichst viele Produkte mit einer hohen Lebenserwartung hat und die Produkte mit einer geringen Restlaufzeit nur noch eine Nebenrolle spielen.

Eine weitere Möglichkeit zur Analyse der Produkte ist die Darstellung in einer zweidimensionalen Graphik, wobei die Achsen je nach Fragestellung variiert werden können (vgl. Beispiel 5.6).

Beispiel 5.6: Sortimentsanalyse

Ein Unternehmen verfügt über vier Produkte und möchte eine Sortimentsanalyse durchführen. Einerseits soll aufgezeigt werden, in welchem Verhältnis der Umsatz zu den benötigten Produktionskapazitäten steht. Andererseits soll überprüft werden,

122

wie sich der Deckungsbeitrag auf die unterschiedlichen Produkte verteilt.

Das Ergebnis der Analyse ist in Abbildung 5.4 dargestellt.

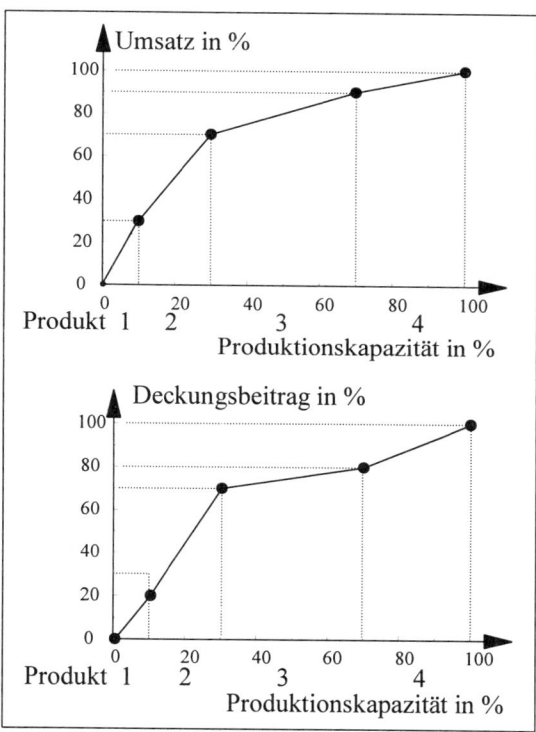

Abbildung 5.4: Sortimentsanalyse

Anhand der oberen Graphik in Abbildung 5.4 wird deutlich, dass 30 % des Umsatzes mit Produkt 1 erzielt wird, zur Produktion aber nur 10 % der Produktionskapazität eingesetzt werden muss. Die nächsten 20 % der Produktionskapazität werden für Produkt 2 benötigt, mit dem 40 % des Umsatzes erzielt wird. Deutlich ungünstiger sieht das Verhältnis bei den Produkten 3 und 4 aus. Obwohl auf Produkt 3 nur 20 % des Umsatzes entfallen, beansprucht es 40 % der Produktionskapazität. Bei Produkt 4 stehen 10 % Umsatzbedeutung 30 % Produktionskapazitätsbeanspruchung gegenüber.

Es wäre allerdings falsch, nur aufgrund des Umsatzes eine Bewertung des Sortiments vorzunehmen, bevor nicht die Frage beantwortet ist, wie sich der Deckungsbeitrag auf die einzelnen Produkte verteilt. Die Situation ist in der unteren Hälfte in Abbildung 5.4 aufgezeigt, wobei die Anordnung der Produkte auf der Abszisse beibehalten wurde. Normalerweise werden die Produkte der Vorteilshaftigkeit nach (hier Deckungsbeitrag pro Kapazitätseinheit) angeordnet, um eine schnellere Einschätzung der Situation vornehmen zu können.

Betrachtet man den Deckungsbeitrag bezogen auf die Produktionskapazitäten, dann ist Produkt 2 vorteilhafter als Produkt 1. Die Produkte 3 und 4 liegen auch bei dieser Betrachtungsweise weit hinter den Produkten 1 und 2.

Insgesamt kann man somit festhalten, dass die Produkte 1 und 2 deutlich bessere Ergebnisse erzielen als die Produkte 3 und 4. Das Unternehmen sollte somit versuchen, diese beiden Produkte stärker zu forcieren, indem es entsprechende Produktionskapazitäten zur Verfügung stellt, wobei dies durch eine Reduktion der Produktion der Produkte 3 und 4 erfolgen könnte. Allerdings müsste zunächst die Frage untersucht werden, ob ein verstärkter Umsatz der Produkte 1 und 2 überhaupt realisierbar ist. Dies wird aber u. a. durch die allgemeine Marktentwicklung und die Konkurrenzaktivitäten bestimmt. Weiterhin sollte eine Kundenstrukturanalyse durchgeführt werden, um zu verdeutlichen, wer welche Produkte kauft und wie stark die Verbundeffekte (Kauf mehrerer Produktarten) sind.

Übungsaufgaben zum 5. Kapitel

Aufgabe 5.1:

Welche Produktelemente kann man unterscheiden?

Aufgabe 5.2:

In welche Teilabschnitte kann man einen Produktinnovationsprozess unterteilen?

Aufgabe 5.3:

Was versteht man unter einer Break-Even-Analyse?

Aufgabe 5.4:

Welche drei zentralen Fragen sind bei der Produkteinführung zu beantworten?

Aufgabe 5.5:
Welche Vorteile ergeben sich durch eine Produktdifferenzierung?

Aufgabe 5.6:
Welche Gründe können zu einer Produktelimination führen?

Aufgabe 5.7:
Welche Produktnebenleistungen gibt es (die Angabe von 5 Beispielen genügt).

Aufgabe 5.8:
Wie kann eine Sortimentsanalyse durchgeführt werden?

6 Entgeltpolitik

Die Entgeltpolitik gliedert sich in zwei Bereiche. Zum einen wird - im Rahmen der Preispolitik - aufgezeigt, wie Marktpreise „gemacht" werden. Darüber hinaus werden unter Gliederungspunkt 6.2 die wesentlichen Elemente der Konditionenpolitik dargestellt.

6.1 Preispolitik

Zur Bestimmung der Preise für Güter oder Dienstleistungen sind zwei Aspekte zu berücksichtigen. Auf der einen Seite muss analysiert werden, welche Preis-Mengen-Kombinationen am Markt überhaupt realisiert werden können. Andererseits ist intern zu überprüfen, zu welchen Preisen welche Mengen verkauft werden müssten, damit die Kosten gedeckt bzw. die Gewinnziele erreicht werden können.

6.1.1 Preistheoretische Ansätze

In der Mikroökonomie, einem Teilbereich der Volkswirtschaftslehre, steht der Preis als dominierendes Instrument auf dem Absatzmarkt von Anfang an im Vordergrund des Interesses. Auch wenn heutzutage auf den meisten Märkten der Preis nur einer von vielen Einflussfaktoren auf die Höhe der Absatzmenge ist, erleichtern die Erkenntnisse der Preistheorie das Verständnis der Marktpreisbildung. Nachfolgend werden einige Aspekte dieser Theorie aufgezeigt, die im „Intensivtraining Mikroökonomie" umfangreich und detailliert diskutiert werden.

6.1.1.1 Preis-Absatz-Funktion

Die Preis-Absatz-Funktion gibt die unterschiedlichen Absatzmengen bei alternativen Preisstellungen wieder. Diese Funktion wird vereinfachend oft als linear fallende Funktion dargestellt (vgl. Abbildung 6.1), wobei die negative Steigung, abgesehen von einigen Spezialfällen, in der Praxis bestätigt wird. Die Preis-Absatz-Funktion kann natürlich auch einen nichtlinearen Verlauf haben.

Zur Bestimmung der Preis-Absatz-Funktion sind entweder Vergangenheitsdaten oder Daten vergleichbarer Produkte notwendig. Die immer wieder geäußerte Befürchtung, dass die vorliegenden Daten nicht ausreichen, um diese Funktion zu schätzen, kann dahingehend abgemildert werden, dass es in der Praxis nicht notwendig ist, die genaue Funktion für alle theoretisch möglichen Preiskonstellationen zu kennen, sondern nur der Bereich um den aktuellen Preis von Interesse ist.

6.1.1.2 Preiselastizität der Nachfrage

Die Preiselastizität der Nachfrage setzt die relative Mengenveränderung zu der sie verursachenden relativen Preisveränderung ins Verhältnis:

$$PE = \frac{\frac{dx}{x}}{\frac{dp}{p}}$$

Sie ist für die Preispolitik von zentraler Bedeutung, da je nach Größe der Preiselastizität für eine Umsatzsteigerung der Preis erhöht bzw. gesenkt werden muss (vgl. Abbildung 6.1).

Beispiel 6.1: Preiselastizität der Nachfrage

Für einen Markt wurde die Preis-Absatz-Funktion p = 10-x ermittelt. Um seinen Umsatz zu steigern, senkt ein Anbieter seinen Preis von 8 € auf 7 €. Durch diese Maßnahme kann er seinen Absatz von 2 auf 3 Einheiten erhöhen (vgl. Abbildung 6.1), d. h., er verzeichnet eine Umsatzsteigerung von 2*8 = 16 € auf 3*7 = 21 €. Seine Aktion war somit erfolgreich.

Ein Bekannter des Anbieters, auf dessen Markt die gleiche

128

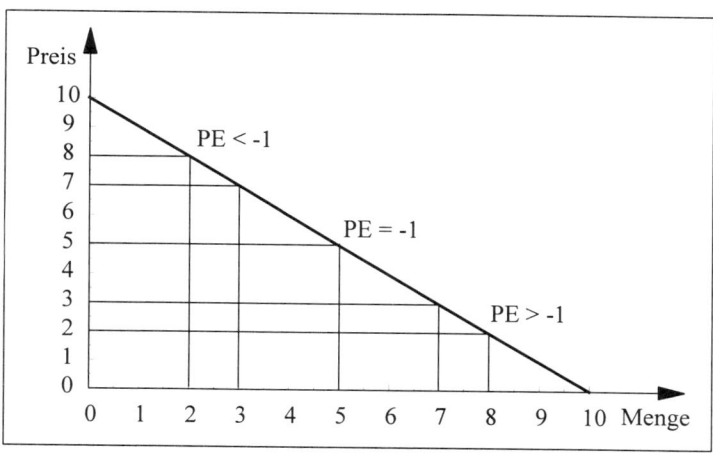

Abbildung 6.1: Preiselastizität der Nachfrage

Preis-Absatz-Funktion vorliegt, möchte diesen Erfolg nach-
vollziehen, indem er ebenfalls den Preis um eine Einheit senkt.
Vor der Aktion erzielte er mit einem Preis von 3 € und einer
Verkaufsmenge von 7 Einheiten einen Umsatz von 21 €. Nach
der Preissenkung erreicht er allerdings nur einen Umsatz von
16 €, da er für den Preis von 2 € nur 8 Einheiten verkaufen
kann.

Eine absolut gesehen gleiche Aktion kann demnach zu völlig
unterschiedlichen Ergebnissen führen. Wird im elastischen Bereich (PE < -1) der Preis gesenkt, kommt es zu einer Umsatzsteigerung, wohingegen die gleiche absolute Preissenkung im
unelastischen Bereich einen Umsatzrückgang zur Folge hat.

Der Zusammenhang zwischen einer Preisvariation, der Preiselastizität der
Nachfrage sowie der Umsatzveränderung ist inTabelle 6.1 zusammengefasst.

Faktoren, die sich auf die Höhe der Preiselastizität auswirken, sind u. a. die
Verfügbarkeit von Substitutionsgütern, die Produktart, die Dauerhaftigkeit
des Gutes (Zeitpunkt der notwendigen Ersatzbeschaffung), die Bedürfnis-
dringlichkeit und die absolute Preishöhe.

Tabelle 6.1: Preis- und Umsatzveränderungen

	PE > -1; unelastischer Bereich	PE = -1	PE < -1 elastischer Bereich
Preiserhöhung	Umsatzsteigerung	konstanter Umsatz	Umsatzrückgang
Preissenkung	Umsatzrückgang	konstanter Umsatz	Umsatzsteigerung

Große Sprünge kann die Preiselastizität der Nachfrage an sogenannten Preisschwellen machen. Preisschwellen sind psychologische Preisgrenzen, die der Verbraucher nur widerwillig, wenn überhaupt, akzeptiert. Typische Preisschwellen waren beispielsweise die 1-DM-Grenze für die 100g-Tafelschokolade oder die 10-DM-Grenze beim Kauf einer Kiste Fruchtsaft. Die Frage der Preisschwellen war z. B. bei der Umstellung auf den Euro von sehr großer Bedeutung.

6.1.1.3 Gleichgewichtspreis im Angebotsmonopol

Stellvertretend für die zahlreichen Lösungen zum Auffinden des Gleichgewichtspreises in unterschiedlichen Marktformen soll hier der Lösungsweg beim Angebotsmonopol aufgezeigt werden. Diese Lösung wurde bereits 1838 von Augustin Cournot dargestellt.

Beispiel 6.2: Das Angebotsmonopol

Für einen Angebotsmonopolisten gelten folgende Bedingungen:

Preis-Absatz-Funktion: $p = 10 - x$ p = Preis; x = Menge

Kostenfunktion : $K = 10 + 2x$

Welchen Preis sollte der Monopolist am Markt verlangen, damit er seinen Gewinn maximieren kann?

Formal ergibt sich folgender Lösungsweg:

Gewinn = Umsatz – Kosten

$$G = (10 - x)x - (10 + 2x)$$

$$G = -x^2 + 8x - 10$$

Die erste Ableitung der Gewinnfunktion lautet:

$$\frac{dG}{dx} = -2x + 8$$

Wird diese Funktion Null gesetzt und nach x aufgelöst, ergibt sich:

$$2x = 8 \rightarrow x = 4$$

Setzt man diesen Wert in die Gewinnfunktion ein, ergibt sich als maximaler Gewinn:

$$G = -4^2 + 8*4 - 10 = 6$$

Der Preis zu dieser Menge wird ermittelt, indem die Menge in die Preis-Absatz-Funktion eingesetzt wird:

$$p = 10 - x \rightarrow p = 10 - 4 = 6$$

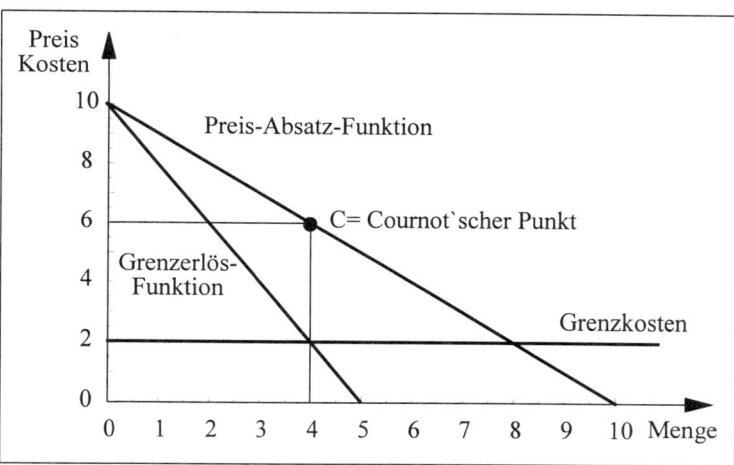

Abbildung 6.2: Das Angebotsmonopol

Der maximale Gewinn in Höhe von 6 Einheiten kann bei einem Preis von 6 Geldeinheiten erzielt werden. Zu diesem Preis können 4 Mengeneinheiten abgesetzt werden. Die graphische

Lösung dieses Problems ist in Abbildung 6.2 dargestellt. Die Lösung wird hierbei über die Gleichheit von Grenzkosten und Grenzertrag im Gewinnmaximum bestimmt.

6.1.2 Alternative Preisfindungswege

Die Praxis orientiert sich bei der Preisfindung in erster Linie an den Kosten, den Nachfragern und der Konkurrenz. Auch wenn die unterschiedlichen Verfahren als Alternativen dargestellt werden, muss das Unternehmen alle in diesen Verfahren aufgeführten Aspekte berücksichtigen.

6.1.2.1 Kostenorientierte Preisbestimmung

Bei der kostenorientierten Preisbestimmung erfolgt die Kalkulation für den Marktpreis auf der Grundlage der Kosten. In Abhängigkeit davon, ob auf Voll- oder auf Teilkostenbasis gerechnet wird, werden die entstehenden Gemeinkosten mit berücksichtigt oder nicht.

Beispiel 6.3: Preiskalkulation

Eine mögliche Kalkulation der Selbstkosten auf Vollkostenbasis könnte wie folgt aussehen:

Materialeinzelkosten
+Materialgemeinkosten
=Materialkosten
+Lohneinzelkosten
+Lohngemeinkosten
=Herstellkosten
+Vertriebsgemeinkosten
+Verwaltungsgemeinkosten
=Selbstkosten

Der Nachteil der Vollkostenrechnung ist, dass zur Schlüsselung der Gemeinkosten die Menge festgelegt werden muss. Diese kann aber erst bestimmt werden, wenn der Preis festliegt. Dieses Problem kann mit der Teilkostenrechnung teilweise umgangen werden, indem beispielsweise die Einzelkosten als Kalkulationsgrundlage verwendet werden. Aber auch hier bleibt die Frage offen, wie die Gewinnaufschläge sinnvoll kalkuliert werden sollen, wenn nicht bekannt ist, welche Gemeinkosten von den Produkten zu tragen sind.

Eine ausführliche Darstellung unterschiedlicher Kostenrechnungssysteme erfolgt im „Intensivtraining Kostenrechnung".

6.1.2.2 Nachfrageorientierte Preisbestimmung

Die nachfrageorientierte Preisbestimmung beruht auf dem Gedanken, dass man zunächst testen sollte, welche Preise der Nachfrager überhaupt zu zahlen bereit ist. Hierdurch wird praktisch die Preis-Absatz-Funktion bestimmt, anhand derer das Unternehmen den Preis - und damit die Absatzmenge - festlegen kann, bei dem es den höchsten Zielerreichungsgrad realisieren kann.

Zur Lösung dieser Problemstellung wurden eine Reihe von Preisschätzungs-, Preis-Reaktions-, Preis-Kaufbereitschafts- und Preisklassen-Tests entwickelt, wobei aber zu berücksichtigen ist, dass der Preis nur ein Entscheidungskriterium beim Kauf ist. Neben den Preistests sollten deshalb weitere Marktforschungsstudien durchgeführt werden.

6.1.2.3 Konkurrenzorientierte Preisbestimmung

Zur konkurrenzorientierten Preisbestimmung wird häufig in den Fällen übergegangen, in denen es im Markt anerkannte Preisführer gibt, die aufgrund ihrer Marktstellung die Preise weitgehend bestimmen können. Angewendet wird dieses Verfahren auch dann, wenn mehrere gleichstarke Anbieter auf dem Markt auftreten, deren Produkte aus der Sicht der Kunden weitgehend homogen sind. Dies trifft zum Beispiel für die Mineralölindustrie im Tankstellenbereich oder beim Verkauf von Heizöl zu.

6.1.3 Preisstrategien

In Abhängigkeit von der Höhe sowie der Dauerhaftigkeit der Preisfestsetzung, kann man vier strategische Alternativen bezüglich der Preishöhe unterscheiden (vgl. Tabelle 6.2).

Tabelle 6.2: Preisstrategien

	vorübergehend	dauerhaft
hoher Preis	Skimming-Preise	Prämienpreise
niedriger Preis	Penetrationspreise	Promotionspreise

Skimming-Preise

Skimming-Preise werden eingesetzt, wenn mit einem hohem Abverkaufspreis gestartet wird, wobei aber schon feststeht, dass die Preise sukzessive gesenkt werden. In dieser Anfangssituation ist die Absatzmenge relativ gering und das Kostenniveau noch sehr hoch. Der Vorteil dieser Vorgehensweise ist u. a. darin zu sehen, dass die Konsumentenrente abgeschöpft und bereits in einem sehr frühem Stadium Gewinne erzielt werden können. Sinnvoll ist diese Strategie für Unternehmen, die Innovationen neu auf den Markt bringen und in gewissem Umfang eine Monopolstellung haben (Technologie, Kapital, Know-how, Bezugsquellen etc.). Ohne diese starke Marktstellung ist die Gefahr sehr groß, dass durch die hohen Preise verstärkt Konkurrenten angelockt werden.

Penetrationspreise

Von Penetrationspreisen spricht man, wenn durch eine am Anfang bewusst niedrige Preisfestsetzung schnell eine hohe Marktdurchdringung erreicht und eine Vielzahl von Kunden gewonnen werden sollen. Dadurch können die Vorteile der Economies of Scale genutzt und potenzielle Konkurrenten abgeschreckt werden. Probleme können sich ergeben, wenn es später nicht gelingt, eine Preiserhöhung im Markt durchzusetzen und dass das Produkt durch die niedrigen Preise kein Qualitätsimage bekommt.

Prämienpreise

Deutlich über dem Marktpreis liegende Prämienpreise können nur realisiert werden, wenn die gesamte Marketingstrategie auf Hochwertigkeit und Qualität ausgerichtet ist. Hierzu zählt nicht nur das eigentliche Produkt, sondern auch die Wahl der Distributionskanäle und die kommunikative Umsetzung. Diese Preisstrategie findet man sehr häufig im Kosmetikbereich und bei Luxusgütern.

Promotionspreise
Genau entgegengesetzt verläuft die Zielsetzung bei den Promotionspreisen. In diesen Fällen ist der niedrige Preis das Hauptargument für den Kauf des Produkts.

6.2 Konditionenpolitik

Das wichtigste Mittel im Rahmen der Konditionenpolitik sind Rabatte. Weiterhin zählen zur Konditionenpolitik die Zahlungs- und Lieferbedingungen sowie die Absatzkreditpolitik.

6.2.1 Rabattpolitik

Rabatte sind Preisnachlässe, die auf einen Basispreis gewährt werden. Rabatte können entweder an Wiederverkäufer oder an Endkunden gewährt werden. Typische Rabattformen sind:

- Funktionsrabatte
  Mögliche Funktionen könnten Lagerung, Präsentation etc. sein, die der Handel für den Hersteller übernimmt.
- Mengenrabatte
  Diese Rabatte können sich auf die Höhe eines Einzelauftrags, die gesamte Menge einer Periode oder auf die Zusammensetzung der Aufträge beziehen.
- Zeitrabatte
  Zeitrabatte können zum Beispiel bei Produkteinführungen oder Verkaufsförderungsmaßnahmen gewährt werden.

- Treuerabatte

  Wickelt ein Unternehmen einen Großteil seines Geschäfts mit einem bestimmten Kunden ab, so kann es diesem einen Treuerabatt gewähren. Eine andere Form des Treuerabatts ist die Ausgabe von Rabattmarken an die Verbraucher.

6.2.2 Liefer- und Zahlungsbedingungen

Im Rahmen der Lieferbedingungen kann der Hersteller dem Kunden bei der Lieferzeit, den Umtauschmöglichkeiten und bei der Berechnung der Fracht, der Verpackung etc. entgegenkommen.

Möglichkeiten zur individuellen Gestaltung der Zahlungsbedingungen bestehen bei der Zahlungsweise, den Zahlungsziele sowie bei der Gewährung von Skonto.

6.2.3 Absatzkreditpolitik

Die Absatzkreditpolitik ist insbesondere dann von Interesse, wenn der Kunde zwar das Produkt gerne kaufen würde, ihm aber die finanziellen Mittel hierzu fehlen. Gestaltungsmöglichkeiten im Rahmen der Absatzkreditpolitik ergeben sich beispielsweise durch die Form der Kreditgewährung, der Kredithöhe, der Rückzahlungsmodalitäten und der Kreditkosten.

Übungsaufgaben zum 6. Kapitel

Aufgabe 6.1:

Was besagt die Preiselastizität der Nachfrage?

Aufgabe 6.2:

Was versteht man unter einer kostenorientierten Preisfindung? Worin liegt das Hauptproblem dieser Vorgehensweise?

Aufgabe 6.3:

Was ist bei der nachfrageorientierten Preisbestimmung zu berücksichtigen?

Aufgabe 6.4:

In welchen Fällen würden Sie eine konkurrenzorientierte Preisbildung empfehlen?

Aufgabe 6.5:
Welche Preisstrategien kann man unterscheiden, wenn man mit einer Veränderung der Preise im Zeitverlauf rechnet?

Aufgabe 6.6:
Welche Arten von Rabatten gibt es?

Aufgabe 6.7:
Welche Möglichkeiten ergeben sich im Rahmen der Lieferungs- und Zahlungsbedingungen?

Aufgabe 6.8:
Welche Elemente umfasst die Absatzkreditpolitik?

7 Distributionspolitik

Im Rahmen der Distributionspolitik werden die Absatzkanäle und die Marketing-Logistik behandelt (vgl. Abbildung 7.1). Da aber die Elemente der Marketing-Logistik in der Regel nur indirekt zum Aufgabenbereich des Marketing gehören, wird an dieser Stelle auf eine Vertiefung verzichtet.

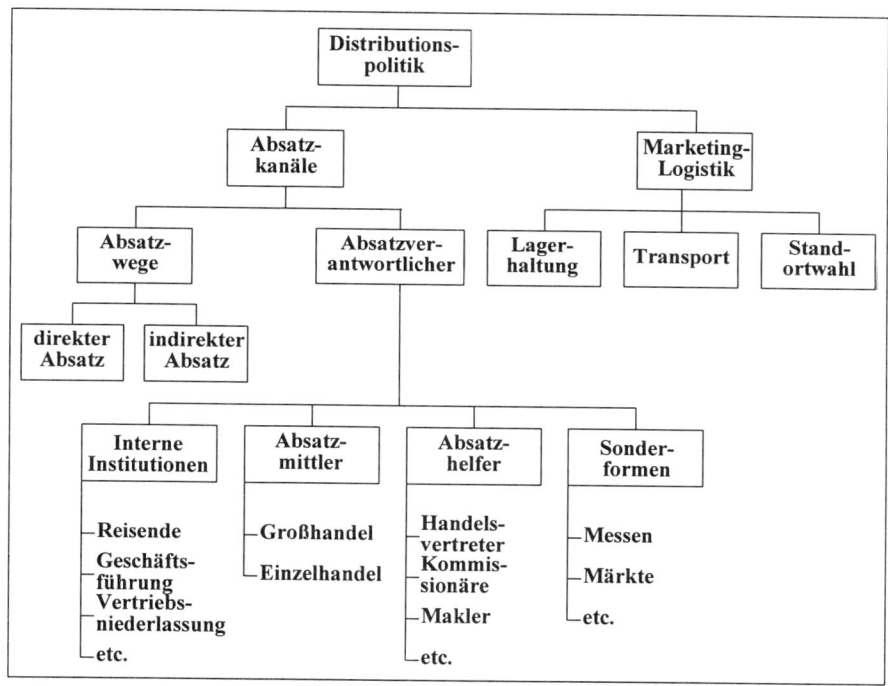

Abbildung 7.1: Die Aufgaben der Distributionspolitik

7.1 Wahl des Absatzweges

Im Rahmen der Absatzwege kann man zwischen dem direkten und dem indirekten Absatz unterscheiden. Direkter Absatz bedeutet, dass zwischen Produzent und Kunde kein selbstständiger Händler eingeschaltet wird. Vom indirekten Absatzweg spricht man dagegen, wenn die Waren zunächst an einen vom Hersteller unabhängigen Händler (Absatzmittler) geliefert werden und dieser die Ware auf eigene Rechnung weiterverkauft. Zur Wahl des Absatzweges können folgende Aussagen getroffen werden:

- Je direkter die Verbindung zwischen Hersteller und Kunde ist, desto teurer ist der Absatzweg in der Regel für den Hersteller.

- Berücksichtigt man nur Kostenaspekte, dann lohnt sich der direkte Vertrieb immer dann, wenn die zusätzlichen Vertriebskosten kleiner als die Handelsspanne sind.

- Je direkter der Absatzweg ist, desto größer sind die Kontroll- und Steuerungsmöglichkeiten des Herstellers. Dieser Aspekt ist insbesondere deshalb wichtig, da der direkte Ansprechpartner des Kunden die Produkte so präsentieren muss, wie das in der Marketingstrategie vorgesehen ist.

- Der Austausch von Informationen zwischen dem Kunden und dem Hersteller ist um so leichter, je direkter der Absatzweg ist.

Typische Gegebenheiten, die zu einem direkten bzw. indirekten Absatzweg führen, sind in Tabelle 7.1 zusammengestellt.

Tabelle 7.1: Gründe für den direkten bzw. indirekten Vertrieb

Gründe für den direkten Vertrieb	Gründe für den indirekten Vertrieb
- kleiner Abnehmerkreis	- die Nachfrager sind über ein großes geographisches Gebiet verteilt
- erklärungsbedürftige Produkte	
- transportempfindliche Produkte	- hohe Anzahl von Kunden
- Kauf in großen zeitlichen Abständen	- der Kunde erwartet beim Kauf die Einbindung der Produkte in Sortimente
- hoher Produktpreis, so dass die Lagerung nicht attraktiv ist	- der Hersteller kann selbst kein Distributionssystem aufbauen
- notwendig, um die strategischen Vorgaben erfüllen zu können (Preisbildung etc.)	- Kostenaspekte

Der direkte Vertrieb ist im Investitionsgüterbereich und bei den Dienstleistern der typische Absatzweg. Aber auch im Konsumgüterbereich gibt es einige erfolgreiche Beispiele des direkten Vertriebs. Zu nennen wären hier beispielsweise AVON, Vorwerk, Tupperware, Eismann, Bofrost, WMF, oder auch Tchibo und Eduscho. Unter diese Form des Absatzweges fallen weiterhin die Club-Systeme, Deutscher Bücherbund, ADAC etc., der Katalogversand und die unterschiedlichen Formen des Direktmarketings.

7.2 Absatzverantwortlicher

7.2.1 Interne Institutionen

Die internen Institutionen haben gemeinsam, dass sie Teil des Unternehmens sind. Hierdurch ist ein Höchstmaß von Steuerung möglich, so dass die in der Marketingstrategie festgelegte Vorgehensweise auch durchgesetzt werden kann. In Tabelle 7.2 sind die verschiedenen Formen der internen Institutionen und ihre Aufgaben charakterisiert.

Tabelle 7.2: Interne Institutionen

Institution	Einsatzgebiet
Geschäftsführung	In Abhängigkeit von der Größe des Auftrages bzw. der Bedeutung des Kunden wird sich die Geschäftsleitung in den Vertrieb einschalten.
Reisende	Der Reisende hat folgende Aufgaben in einem festgelegten Gebiet zu erfüllen: Akquisition, Beratung, Kundenpflege, Bestellannahme, Abwicklung, etc. Um diese Aufgaben bewältigen zu können, muss der Reisende durch die Zentrale mit den notwendigen Informationen versorgt werden.
Vertriebsniederlassung	Vertriebsniederlassungen sind in der Regel selbstständig geführte Institutionen, die aber rechtlich zum Hersteller gehören. Beispiele hierfür sind Tchibo, Eduscho, Salamander oder auch WMF.
Verkaufsabteilung	Abteilungen, zur Annahme und Abwicklung von Aufträgen im Unternehmen.
Verkaufsfahrer	Verkaufsfahrer bringen dem Kunden direkt die Produkte und nehmen die nächste Bestellung auf. Beispiele hierfür sind Bofrost und Eismann.

Tabelle 7.2: Interne Institutionen (Fortsetzung)

Institution	Einsatzgebiet
Club-Systeme	Mit Hilfe von Club-Systemen versucht man, den Kunden zu regelmäßigen Käufen zu veranlassen. Beispiele hierfür sind der Bertelsmann Club oder der Deutsche Bücherbund.
Factory Outlets	Factory Outlets sind Verkaufsstellen, in denen zu stark reduzierten Preise Originalwaren verkauft werden.
Kataloge	Kataloge ersetzen hierbei den Verkaufsraum. Die Verkaufsform findet man beispielsweise bei Büroartikeln (Printus etc.), hochwertigen Gebrauchsgütern oder Investitionsgütern.
Direktmarketing	Durch die gewählte Kommunikationsform hat der Kunde die Möglichkeit von sich aus Kontakt mit dem Unternehmen aufzunehmen.
Internet	Das Internet bietet den Herstellern eine Reihe von Möglichkeiten, sich und ihre Leistungen einem großen Publikum zu präsentieren.

7.2.2 Absatzmittler

Unter Absatzmittlern versteht man alle Institutionen, die wirtschaftlich und rechtlich selbständig sind. Sie kaufen und verkaufen Waren auf eigene Rechnung, wodurch die Einflussmöglichkeiten des Herstellers automatisch stark begrenzt werden. Zu den Absatzmittlern sind alle Formen des Handels zu zählen, die die oben genannten Anforderungen erfüllen. Werden Absatzmittler eingesetzt, spricht man automatisch von indirekten Absatzwegen.

Die Aufgaben, die der Handel zu erfüllen hat, sind vielschichtig. Nachfolgend sind die wichtigsten aufgeführt:

- Der Handel verkürzt die räumliche Distanz zwischen Hersteller und Kunde.

- Der Handel stellt die Abgabemenge zur Verfügung, die der Kunde nachfragt.
- Der Handel stellt dem Kunden Sortimente und nicht nur Produkte zur Auswahl.
- Der Handel stellt die Waren dem Kunden dann zur Verfügung, wenn dieser sie benötigt.
- Der Handel leistet unterstützende Dienste im Rahmen von Beratung, Service, Installation etc.
- Der Handel unterstützt die Hersteller bei den Abverkaufsaktivitäten durch Promotions.

Die Handelsunternehmen können in den Groß- und den Einzelhandel unterteilt werden. Kennzeichen des Großhandels ist es, dass in der Regel keine Endkunden, sondern nur Wiederverkäufer beliefert werden. Die drei wichtigsten Formen des Großhandels sind:

- Cash&Carry-Märkte (Abholgroßhandel)
  C&C-Betriebe sind dadurch gekennzeichnet, dass sich dort die Kunden selbst bedienen und die Waren abtransportieren. Serviceleistungen erfolgen in der Regel nicht.

- Sortiments- bzw. Spezialgroßhandel
  Der Sortimentsgroßhandel bietet dem Gemischtwareneinzelhandel und teilweise dem Fachhandel ein breites Sortiment an, wohingegen der Spezialgroßhandel häufig nur eine oder wenige Produktkategorien führt, die sich dann aber durch eine sehr große Sortimentstiefe auszeichnet.

- Rack Jobber
  Rack Jobber (Regalgroßhändler) findet man insbesondere in Nordamerika. In Europa ist dies dagegen eine noch seltene Großhandelsform. Der Rack Jobber übernimmt für den Einzelhandel das Management ganzer Warengruppen. Zu seinen Aufgaben gehören nicht nur die Bestellung sowie der Warentransport, sondern auch die entsprechende Regalpflege, d. h., der Rack Jobber preist die Waren aus und bestückt anschließend die Regale. Weiterhin ist er für die Überprüfung des Warenbestandes sowie die Plazierung der Verkaufsförderungsmittel zuständig.

Der Einzelhandel ist im Gegensatz zum Großhandel das Bindeglied zum Kunden. Einzelhandelsgeschäfte lassen sich in eine Vielzahl von Untergruppen aufteilen, auf deren Definition an dieser Stelle verzichtet wird. Zum Einzelhandel zählen zum Beispiel:

- Gemischtwarenhandel
  - Tante-Emma-Läden
  - Kaufhäuser
  - Warenhäuser
  - Supermärkte
  - Verbrauchermärkte
  - SB-Warenhaus
  - Discounter

- Facheinzelhandel
  - Fachgeschäfte
  - Spezialgeschäfte

- Fachmärkte

Die oben aufgeführten Kategorien gehören alle zum ladengebundenen Einzelhandel. Nicht unerwähnt bleiben sollte aber auch der ladenlose Einzelhandel, zu dem insbesondere der Automatenverkauf zu zählen ist.

7.2.3 Absatzhelfer

Die Absatzhelfer sind, im Gegensatz zu den Absatzmittlern, keine Wiederverkäufer, da sie kein Eigentum an der Ware erwerben. Sie sind allerdings rechtlich selbstständig, was die Steuerbarkeit durch den Hersteller erschwert. Zu den Absatzhelfern zählen Handelsvertreter, Makler, Kommissionäre, sowie Institutionen mit unterstützenden Tätigkeiten wie Spediteure oder Frachtführer.

Handelsvertreter
Der Handelsvertreter übernimmt in der Regel für mehrere nicht konkurrie-

rende Unternehmen den Vertrieb der Produkte, wobei seine Aufgabenstellung praktisch der des Reisenden entspricht, mit dem Unterschied, dass er kein Angestellter eines Herstellers ist. Er vermittelt entweder Geschäfte zwischen Hersteller und Kunde oder schließt diese im Namen seiner Vertragspartner ab. Der Hauptanteil seiner Entlohung besteht aus einer erfolgsabhängigen Provision.

Makler

Den Makler trifft man in erster Linie bei Immobiliengeschäften, bei Auktionen sowie im Finanzanlagen- und Versicherungsbereich an. Seine Aufgabe besteht in der Vermittlung zwischen Anbieter und Nachfrager, wobei er die Interessen beider Parteien zu beachten hat.

Kommissionär

Der Kommissionär arbeitet, im Gegensatz zum Handelsvertreter, unter eigenem Namen aber auf Rechnung des Auftraggebers (Kommittenten). Diese Art der Absatzhelfer findet man in erster Linie im Wertpapiergeschäft. Aber auch Einzelhändler können als Kommissionäre auftreten, indem sie Ware in Kommission nehmen.

7.3 Sonderformen des Absatzes

Neben den unterschiedlichen Formen des direkten und des indirekten Vertriebs existieren noch einige Sonderformen des Verkaufs, auf die nachfolgend kurz eingegangen wird. Zu berücksichtigen ist allerdings, dass es sich hierbei um Verkaufsanlässe und nicht um eine dritte Art neben dem direkten und dem indirekten Vertrieb handelt.

Märkte

Märkte erfreuen sich insbesondere in der Form der Wochenmärkte in der Bundesrepublik Deutschland in den letzten Jahren großer Beliebtheit.

Messen und Ausstellungen

Messen und Ausstellungen dienen in erster Linie der Information der aktuellen und potentiellen Kunden. Je nach Art der Veranstaltung sind das breite Publikum, gewerbliche Verwender bzw. Wiederverkäufer oder aber nur die aktuellen Kunden zugelassen. Da es fast für jede Branche eine Hauptmesse gibt, die einmal pro Jahr oder in einem größeren Abstand stattfindet, sind Messen u. a. in Bezug auf die Frage der Markteinführung von neuen Produkten von großer Bedeutung.

Auktionen

Auktionen findet man häufig im Bereich von Kunstgegenständen, Rohstoffen oder landwirtschaftlichen Erzeugnissen.

7.4 Bestimmung der Absatzverantwortlichen

Die Bestimmung der Absatzverantwortlichen soll exemplarisch anhand der Fragestellung, ob Reisende oder Handelsvertreter eingesetzt werden sollen, aufgezeigt werden. Der Lösungsansatz teilt sich in einen qualitativen Bereich und in eine Kosten- bzw. Gewinnvergleichsrechnung.

Die Bewertung der qualitativen Eigenschaften der beiden Alternativen wird im Rahmen eines Punktbewertungsschemas durchgeführt. Hierbei sind zunächst die für den Hersteller bzw. den Kunden relevanten Eigenschaften der Absatzverantwortlichen zu definieren. Anschließend werden die bestehenden Alternativen anhand dieser Kriterien auf einer Skala bewertet. Werden nicht alle Kriterien als gleichgewichtig angesehen, kann zusätzlich ein Gewichtungsfaktor für die Kriterien eingeführt werden.

Beispiel 7.1: Reisender oder Handelsvertreter

Nach längeren Diskussionen einigt man sich im Unternehmen A darauf, dass zur Auffindung der geeignetsten Absatzverantwortlichen die in Tabelle 7.3 zusammengefaßten Kriterien herangezogen werden.

Die Gewichtung (Gew.) ging von 1 (unwichtig) bis 5 (sehr wichtig). Die Bewertung der Eigenschaften (Bew.) wurde auf einer Skala von 1 (trifft überhaupt nicht zu) bis 5 (trifft voll und ganz zu) vorgenommen.

Die qualitative Bewertung der beiden Alternativen ergab, dass der Reisende aus der Sicht des Unternehmens dem Handelsvertreter vorzuziehen ist.

Tabelle 7.3: Reisender (R) oder Handelsvertreter (H)

Kriterium	Gew.	Bew. R	gew. Bew. R	Bew. H	gew. Bew. H
Anforderung der Kunden					
Beratungs- leistung	5	4	20	3	15
Sortiment	3	2	6	4	12
Beschwerde- abwicklung	3	4	12	3	9
Verkaufs- aktivitäten	4	3	12	4	16
Anforderung des Herstellers					
Steuerbarkeit	5	5	25	2	10
Fachwissen	4	4	16	3	12
Marktinfor- mation	3	2	6	4	12
Marktnähe	4	2	8	5	20
Summe			105		94

Neben dem Vergleich der qualitativen Eigenschaften muss zusätzlich eine Kosten- bzw. Gewinnvergleichsrechnung durchgeführt werden.

Kostenvergleichsrechnung

Geht man davon aus, dass der Umsatz in beiden Fällen der gleiche ist, genügt es, wenn man einen Vergleich der Kosten vornimmt:

$$K_R = f_R + q_R * x * p$$
$$K_H = f_H + q_H * x * p$$
$$K_R = K_H \rightarrow x_{kr}$$

$$x_{kr} = \frac{f_h - f_r}{q_r - q_h}$$

K_R =   Kosten für den Reisenden

K_H =   Kosten für den Handelsvertreter

f_R =   Fixum für den Reisenden

f_H =   Fixum für den Handelsvertreter

q_R =   Umsatzprovision für den Reisenden

q_H =   Umsatzprovision für den Handelsvertreter

x =   erwartete Absatzmenge

p =   erwarteter Marktpreis

x_{kr} =   kritische Menge, bei dieser Menge verändert sich die Vorteilhaftigkeit. Liegt x unterhalb von x_{kr}, dann sollten aufgrund dieser Betrachtungsweise Handelsvertreter eingesetzt werden, liegt x oberhalb von x_{kr}, dann stellt sich das Unternehmen mit Reisenden besser.

Ist die Menge von den Absatzverantwortlichen abhängig, muss ein Gewinnvergleich durchgeführt werden.

$$K_R + \Delta x * (p - k_v) = K_H$$

Δx =   Differenz der Abverkaufsmenge x_R und x_H

x_R =   erwartete Abverkaufsmenge des Reisenden

x_H =   erwartete Abverkaufsmenge des Handelsvertreters

k_v =   variable Produktionskosten

Beispiel 7.2: Gewinnvergleichsrechnung

Ein Unternehmen muss sich zwischen Reisendem und Handelsvertreter entscheiden. Zur Lösung dieses Problems soll eine Gewinnvergleichsrechnung durchgeführt werden. Hierzu liegen folgende Angaben vor:

erwartete Absatzmenge des Reisenden	1.500
erwartete Absatzmenge des Handelsvertreters	1.800
erwarteter Marktpreis	12 €
variable Produktionskosten pro Stück	8 €

Fixum des Reisenden	4.500 €
Fixum des Handelsvertreters	4.000 €
Umsatzprovision des Reisenden	8%
Umsatzprovision des Handelsvertreters	12%

Der reine Kostenvergleich führt dazu, daß der Reisende günstiger erscheint:

$$K_R = f_R + q_R * x * p = 4.500 + (1.500*12)*0,08 = 5.940 \ €$$

$$K_H = f_H + q_H * x * p = 4.000 + (1.800*12)*0,12 = 6.592 \ €$$

Berücksichtigt werden muss aber, dass der Handelsvertreter 300 Einheiten mehr verkauft, so dass seine Kosten um $300*(12-8) = 1.200 \ €$ auf 5.392 reduziert werden müssen.

Unter Gewinngesichtspunkten müsste der Handelsvertreter eingesetzt werden.

Bei der Bestimmung der Absatzverantwortlichen sollten immer sowohl die qualitativen als auch die Kosten- bzw. Gewinnaspekte analysiert werden, um eine möglichst gute Entscheidung treffen zu können.

Die Bestimmung der Absatzverantwortlichen ist in obigem Beispiel unabhängig von der Frage nach dem Absatzweg zu sehen, da sowohl Reisende als auch Handelsvertreter Groß- bzw. Einzelhändler (= indirekter Vertrieb) oder Endkunden (= direkter Vertrieb) als Ansprechpartner haben können.

Auf die Fragestellungen aus dem Bereich Marketing-Logistik wird an dieser Stelle nicht näher eingegangen. Diese Aufgaben werden in der Praxis nur in Ausnahmefällen von Marketingmitarbeitern durchgeführt, da sie mehr in den Verantwortungsbereich der Materialwirtschaft, der Logistik und des Vertriebs fallen.

Übungsaufgaben zum 7. Kapitel

Aufgabe 7.1:
Welche generellen Aussagen können bezüglich der Wahl des Absatzweges getroffen werden?

Aufgabe 7.2:
Welche Gründe sprechen für einen direkten Absatz?

Aufgabe 7.3:
Geben Sie drei interne Institutionen an, die für den Absatz verantwortlich sein können.

Aufgabe 7.4:
Welche Funktionen erfüllt der Handel als Verbindung zwischen Hersteller und Kunde?

Aufgabe 7.5:

Welche Formen des Großhandels kann man unterscheiden?

Aufgabe 7.6:

Anhand welcher Kriterien kann die Entscheidung Reisender oder Handelsvertreter getroffen werden?

8 Kommunikationspolitik

Die Kommunikationspolitik beschäftigt sich mit der Frage, wie bestimmte Informationen über das Unternehmen oder die Produkte möglichst wirkungsvoll dargestellt werden können. Sie wird üblicherweise in die vier Bereiche Werbung, Verkaufsförderung, Öffentlichkeitsarbeit (Public Relations) und persönlicher Verkauf unterteilt (vgl. Abbildung 8.1). Unter Gliederungspunkt 8.5 wird zusätzlich das Direktmarketing behandelt, wohingegen auf Messen und Ausstellungen als Kommunikationsinstrument nicht näher eingegangen wird. Unberücksichtigt bleiben an dieser Stelle auch die neuen Medien, die zukünftig die Kommunikationsaktivitäten nachhaltig verändern werden.

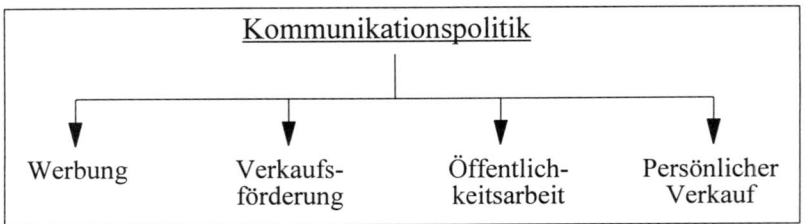

Abbildung 8.1: Kommunikationspolitik

8.1 Werbung

Werbung wird eingesetzt, um Produkte bzw. den Produktnutzen einer vorher definierten Zielgruppe zu vermitteln, eine positive Einstellung seitens der Verbraucher zu erreichen (Aufbau von Images) sowie deren Kaufverhalten zu steuern. Sie ist im Gegensatz zu anderen Kommunikationsinstrumenten unpersönlich und erfolgt über unterschiedliche Medien.

Bei der Planung von Werbemaßnahmen sind nach einer umfangreichen Situationsanalyse und Prognose folgende Fragen zu beantworten:

1) Was soll beworben werden?
2) Welche Ziele sollen mit Hilfe der Werbung realisiert werden?
3) Welche Zielgruppen sollen mit der Werbung erreicht werden?

4) Welches Werbebudget wird benötigt?
5) Wie lautet die Werbebotschaft?
6) Welche Werbemittel sollen eingesetzt werden?
7) Welche Werbeträger sollen eingesetzt werden?
8) Wie erfolgreich waren die Werbemaßnahmen?

Der oben skizzierte Planungsprozess ist nicht nacheinander abzuarbeiten, sondern ist als Gesamtheit zu verstehen, da sich die Ergebnisse der einzelnen Stufen nicht unabhängig voneinander bestimmen lassen.

1) Was soll beworben werden?
Bei der Auswahl der zu bewerbenden Objekte sollte sich das Unternehmen an seinen langfristigen Zielen orientieren. Einflussfaktoren auf diese Entscheidung sind zum Beispiel der Deckungsbeitrag der einzelnen Produkte, die zur Verfügung stehenden Produktionskapazitäten, die Konkurrenzaktivitäten oder auch die zukünftige Marktentwicklung.

2) Welche Ziele sollen mit Hilfe der Werbung realisiert werden?
Die Werbeziele, die aus den Marketing- bzw. Kommunikationszielen abgeleitet werden, können entweder ökonomische, psychologische oder streutechnische Aspekte betreffen.

Wirkung	Ziele
Werbemittelkontakt	streutechnische Werbeziele
Attention ↓ Interest ↓ Desire	psychologische Werbeziele
Action	ökonomische Werbeziele

Abbildung 8.2: Werbewirkung und Werbeziele

Zur genauen Operationalisierung der Werbeziele, muss man eine Vorstellung über die Werbewirkung haben. Hierzu wurden im Rahmen der Werbewirkungstheorie unterschiedliche Ansätze entwickelt. Der Zusammenhang zwischen den unterschiedlichen Zielkategorien und dem wohl bekanntesten Werbewirkungsmodell - das AIDA-Schema von Lewis - ist in Abbildung 8.2 dargestellt.

3) Welche Zielgruppen sollen mit der Werbung erreicht werden?

Die Bestimmung der Zielgruppe ergibt sich in erster Linie aus der Marketingstrategie. Sollen bestimmte Einschränkungen vorgenommen werden, kann auf das Instrumentarium der Marktsegmentierung zurückgegriffen werden.

4) Welches Werbebudget wird benötigt?

Obwohl in vielen Unternehmen sehr hohe Werbebudgets vorhanden sind, werden bei der Festlegung des Budgets Methoden angewendet, die einer kritischen Überprüfung nicht standhalten können. Sehr beliebt ist es beispielsweise, die Werbeausgaben als Prozentsatz vom Umsatz oder dem Gewinn des Produktes zu definieren. Diese prozyklische Vorgehensweise, bei hohen Umsätzen werden die Werbeausgaben gesteigert, wenn die Umsätze dagegen rückläufig sind, wird auch die Werbung zurückgefahren, verdreht den Zusammenhang zwischen Werbung und Umsatz. Der Umsatz sollte sich aus den Werbemaßnahmen ergeben und kann damit nicht die Basis des Werbebudgets sein.

Ebenfalls bedenklich ist die Orientierung an der Konkurrenz oder den eigenen finanziellen Mitteln, da dies keine Verfahren sind, die die eigene Zielerreichung sicherstellen. Einerseits sind die Ziele der Konkurrenz nicht bekannt, andererseits gilt für die Orientierung an den verfügbaren Mitteln das gleiche wie für die Umsatzorientierung.

Letztendlich kann nur eine aus den Werbezielen abgeleitete Budgetierung sinnvoll und richtig sein. Werden konkrete Ziele definiert, dann müssen auch die entsprechenden Mittel für die Zielerreichung bereitgestellt werden. Sollte dies nicht möglich sein, müssen die Werbe- und damit die Kommunikationsziele entsprechend angepasst werden. Dies hat dann auch Auswirkungen auf die Ziele der anderen Instrumentbereiche bzw. auf die Marketing- und die Unternehmensziele. Diese Vorgehensweise setzt allerdings voraus, dass entsprechende Informationen über die Werbewirkung der einzelnen Werbemittel bzw. Werbeträger vorliegen. Obwohl die Quantifizierung der Werbewirkung schwierig ist, gibt es eine Reihe von Marktforschungsmethoden, mit deren Hilfe dies zumindest ansatzweise möglich ist.

5) Wie lautet die Werbebotschaft?

Die Werbebotschaft ist der Kern einer Werbeaussage, und soll den Nutzen des beworbenen Produktes zum Ausdruck bringen. Eine mögliche Werbebotschaft für einen Fruchtsaft wäre beispielsweise „Der volle Genuss aus der Natur". Wie diese Botschaft in Schrift und/oder Bild und/oder Ton umgesetzt wird, ist im Rahmen der Auswahl und Gestaltung der Werbemittel zu klären.

6) Welche Werbemittel sollen eingesetzt werden?

Ein Werbemittel ist die Ausgestaltung der Kommunikationsmittel bzw. die Kombination von Kommunikationsmitteln wie beispielsweise Wort, Bild, Ton etc., mit denen eine Werbebotschaft dargestellt werden soll. Beispiele für Werbemittel sind Anzeigen, Rundfunkspots, TV-Spots oder Plakate. Im Gegensatz hierzu versteht man unter Werbeträgern die Medien, mit deren Hilfe die Werbemittel dem Werbeempfänger vermittelt werden. Werbeträger sind somit Zeitungen, Zeitschriften, Fernseh- oder Rundfunksendungen etc.

Die Gestaltung der Werbemittel wird von der Art der zu bewerbenden Produkte, den Werbezielen, der Werbebotschaft, der Zielgruppe, der Höhe des Werbebudgets und den vorgesehenen Werbeträgern beeinflusst. Gestaltungselemente sind je nach Werbemittel Text, Bilder, Farbe, Musik, Größe etc. Aufgrund der hohen Entwicklungs- und Schaltkosten sollten Werbemittel generell einem Pre-Test unterzogen werden.

7) Welche Werbeträger sollen eingesetzt werden?

Die Auswahl der Werbeträger erfolgt in der Regel in einem zweistufigen Prozess. Zunächst werden im Intermediavergleich die geeigneten Werbeträgergruppen (Zeitungen, Zeitschriften, Fernsehen, Funk, Film, Internet, etc.) herausgefiltert. Entscheidungskriterien für die Bewertung der Werbeträgergruppen sind u. a.:

- Verfügbarkeit,
- Darstellungsbasis,
- Konzeption,
- Nutzungssituation,
- Reichweitenkosten,
- Selektionsmöglichkeiten
- Reichweite sowie die
- Möglichkeit der Erfolgskontrolle.

Liegen die Werbeträgergruppen fest, müssen in einem Intramediavergleich die konkreten optimalen Werbeträger ermittelt werden. Hierzu werden insbesondere folgende Größen herangezogen:

- Reichweite
  Anzahl der Personen, die von dem belegten Werbeträger in der Planungsperiode mindestens einmal erreicht werden.
- Frequenz
  Durchschnitt der Werbekontakte, die eine erreichte Person oder ein Haushalt in der Planungsperiode erreichen.
- Kontaktchancen
  Die Gesamtmenge der Kontaktchancen, die auch als GRP (gross rating points) bezeichnet wird, ergibt sich aus dem Produkt der Reichweite mit der Frequenz: $GRP = R * F$

Die Berechnung der Mediapläne erfolgt zumindest bei großen Mediaetats in speziellen Mediaagenturen und beruht auf einer Vielzahl mathematischer und statistischer Methoden.

156

8) Wie erfolgreich waren die Werbemaßnahmen?

Die Erfolgskontrolle von Werbemaßnahmen sollte sehr gewissenhaft durchgeführt werden. Einerseits geht es um die Überprüfung der Effizienz der eingesetzten Mittel, andererseits um die Möglichkeit, das Zusammenwirken von Werbemaßnahmen und anderen Variablen immer besser kennenzulernen. Zahlreiche Marktforschungsinstitute bieten Werbe-post-Tests an, mit deren Hilfe wichtige Erkenntnisse gewonnen werden können.

8.2 Verkaufsförderung

Verkaufsförderungsmaßnahmen (VKF-Maßnahmen) sind im Unterschied zur Werbung eher auf kurzfristige Ziele ausgelegt. Durch entsprechende Maßnahmen soll sowohl der Hineinverkauf in den Handel als auch der anschließende Herausverkauf unterstützt werden. Darüber hinaus können auch die Verkäufer oder die Verbraucher die Zielgruppe von VKF-Maßnahmen sein. In Abhängigkeit von der Zielgruppe unterscheidet man zwischen handels-, konsumenten- und verkaufspersonalorientierter Verkaufsförderung.

Beispiel 8.1: Verkaufsförderungsmaßnahmen

> In einem Unternehmen wird über die Möglichkeit diskutiert, wie mit Verkaufsförderungsmitteln der Absatz gesteigert werden kann. Nach längerer Diskussion kann man sich schließlich auf den in Tabelle 8.1 dargestellten Maßnahmenkatalog entscheiden.

Tabelle 8.1: Verkaufsförderung

Art der Verkaufsförderung	Instrumente
handelsorientiert	- Preisaktionen
	- Werbezuschüsse
	- Preisausschreiben
	- Schulung
	- Displays
	- Händlertreffen etc.

Tabelle 8.1: Verkaufsförderung (Fortsetzung)

konsumentenorientiert	- Sonderpreise
	- Verkostungen
	- Vorführungen
	- Gutscheine
	- Prämien etc.
verkaufspersonalorientiert	- Schulung
	- Unterstützung durch neue Medien
	- Referenzlisten etc.

8.3 Öffentlichkeitsarbeit

Für die Öffentlichkeitsarbeit ist in der Regel der Pressesprecher des Unternehmens verantwortlich, der üblicherweise direkt der Geschäftsleitung berichtet. Im Unterschied zu den anderen Kommunikationsinstrumenten steht hier das gesamte Unternehmen im Vordergrund. Dieses soll möglichst günstig der Öffentlichkeit gegenüber dargestellt werden, wobei dies auch die Personenkreise einschließt, die nicht Kunden des Unternehmens sind und dies vielleicht auch nie werden. Zielgruppe der PR-Maßnahmen ist die Gesamtbevölkerung.

Typische Instrumente der Öffentlichkeitsarbeit sind Pressemitteilungen, Pressekonferenzen, Imageanzeigen, Tag der offenen Tür, Geschäftsberichte, Fachvorträge oder das Sponsoring von Kultur- oder Sportveranstaltungen.

8.4 Persönlicher Verkauf

Der persönliche Verkauf verbindet die Marketinginstrumente Kommunikation und Distribution. Die Verkäufer haben hierbei in erster Linie die Aufgabe, im Rahmen der Verkaufsgespräche Kaufverträge abzuschließen. Darüber hinaus sollen sie den Kontakt zu den Kunden pflegen, Neukunden

gewinnen, die Vertragsabwicklungen überwachen, Beschwerden entge-
gennehmen und entsprechende Lösungen veranlassen sowie marktrelevan-
te Informationen erfassen und an die Marketing- bzw. Verkaufsabteilung
weiterleiten.

8.5 Direktmarketing

Der Unterschied zwischen dem klassischen und dem Direktmarketing besteht darin, dass beim Direktmarketing ein Dialog zwischen Anbieter und
Kunden entsteht. Im klassischen Marketing erfolgt dagegen ein einseitiger
Informationsfluss vom Hersteller zum Kunden. Direktmarketing ist somit
weit mehr als ein Kommunikationsmittel.

Nachfolgend werden einige Aspekte des Direktmarketing dargestellt, um
den Einstieg in dieses vielschichtige Marketinginstrument zu erleichtern.

Vorteile des Direktmarketing
Die Vorteile des Direktmarketing sind beispielsweise die geringen Streuverluste, der hohe Wirkungsgrad, die leichte Erfolgskontrolle, die persona-
lisierte Ansprache, die flexible Handhabung sowie die Möglichkeit, die
Vorteile des Direktmarketing auch bei kleinen Budgets zu nutzen.

Medien des Direktmarketing

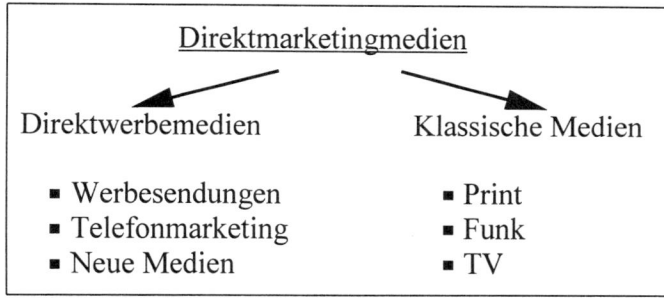

Abbildung 8.3: Direktmarketingmedien

Als Medien für das Direktmarketing kann man entweder die Direktwerbemedien verwenden oder man nutzt die klassischen Medien als Direktwerbemedium (vgl. Abbildung 8.3). Die Auswahl der „richtigen" Medien erfolgt analog zur Medienwahl in der klassischen Werbung.

Kundendatenbank

Das Herzstück des Direktmarketing ist die Datenbasis. Nur wenn die Kundendatenbank, die auch potenzielle Kunden umfasst, auf dem neuesten Stand ist und permanent gepflegt wird, kann man die Vorteile des Direktmarketing nutzen. Neben den sozio-demographischen Angaben über die Kunden müssen auch psychologische und verhaltensbezogene Kriterien erfasst werden. Typische verhaltensbezogene Kriterien sind beispielsweise:

- verwendete Produktgruppen,
- Datum der ersten Bestellung,
- Datum der letzten Bestellung,
- Kauffrequenz,
- Umsatz in der letzten Periode,
- Werbemitteleinsatz,
- Beschwerden,
- Kundenstatus,
- zuständiger Berater etc.

Auch wenn die Forderung nach einer aktuellen und umfassenden Datenbank zunächst als relativ leicht zu lösende Aufgabe erscheint, zeigt die Praxis, dass gerade die fehlende Qualität der Daten die Hauptursache für ein wenig erfolgreiches Direktmarketing ist.

Übungsaufgaben zum 8. Kapitel

Aufgabe 8.1:

Aus welchen Elementen besteht die Kommunikationspolitik?

Aufgabe 8.2:

Welche Fragen sind bei der Planung von Werbemaßnahmen zu beantworten?

Aufgabe 8.3:

Welche Zielkategorien unterscheidet man bei den Werbezielen?

Aufgabe 8.4:

Welche Möglichkeiten gibt es, die Höhe des Werbebudgets zu bestimmen?

Aufgabe 8.5:
Worin liegt der Unterschied zwischen Werbemittel und Werbeträger?

Aufgabe 8.6:
Welche Arten der Verkaufsförderung kann man unterscheiden?

Aufgabe 8.7:
Worin liegen die Vorteile des Direktmarketing?

Aufgabe 8.8:
Geben sie fünf Beispiele für verhaltensbezogene Kriterien an, die in einer Kundendatenbank für das Direktmarketing aufgeführt sein sollten.

9 Marketing-Controlling

Die Ziele bzw. Aufgaben des Marketing-Controlling lassen sich wie folgt formulieren:

Das Marketing-Controlling ist ein Unterstützungssystem für das Marketingmanagement in den Bereichen:

- Planung,
- Steuerung und
- Analyse.

Hierzu sind entscheidungs- und benutzerrelevante Informationen bereitzustellen und zu koordinieren.

Im Rahmen der Analyse soll hierbei nicht nur festgestellt werden, ob die Ziele erreicht wurden oder nicht, sondern auch die Frage beantwortet werden, ob die Zielerreichung mit einem effizienten Mitteleinsatz realisiert wurde oder ob Optimierungsbedarf vorliegt.

Das Aufgabenfeld ist ähnlich dem der Marktforschung, wobei traditionell das Marketing-Controlling mehr interne Informationen und hierbei in erster Linie Daten aus dem Rechnungswesen als Grundlage seiner Arbeit heranzieht, wohingegen die Marktforschung stärker extern orientiert ist. Auch wenn dies in vielen Fällen der Regelfall ist, sollte eine sehr intensive Zusammenarbeit zwischen diesen Abteilungen angestrebt werden, da nur so effektive und effiziente Entscheidungen vorbereitet werden können.

Die Fragestellungen des Marketing-Controlling lassen sich grob in zwei Bereiche untergliedern. Im Rahmen des operativen Marketing-Controlling erfolgt eine Ergebnis- und Planfortschrittskontrolle sowie die sich hieraus ergebenden weiteren Schritte. Im Gegensatz dazu wird im Rahmen des strategischen Marketing-Controlling überprüft, inwieweit die Rahmenbedingungen, unter denen die Entscheidungen getroffen werden, mit der Realität noch übereinstimmen. Im Zusammenhang mit dem strategischen Marketing-Controlling spricht man auch von Marketing-Audit.

Obwohl sich das operative und das strategische Marketing-Controlling nicht immer eindeutig voneinander trennen lassen, erscheint es trotzdem sinnvoll, diese Unterscheidung zu treffen, um insbesondere die Notwendigkeit eines regelmäßigen strategischen Marketing-Controlling besser herausarbeiten zu können.

9.1 Operatives Marketing-Controlling

9.1.1 Ergebniskontrolle

Im Rahmen der Ergebniskontrolle wird überprüft, inwieweit die Zielvorgaben erreicht werden konnten bzw. ob diese Zielerreichung mit minimalem Mitteleinsatz erfolgte. Neben der Betrachtung der Umsätze und Absatzzahlen ist für das Unternehmen insbesondere von Interesse, welche Deckungsbeiträge bzw. Gewinne auf die einzelnen Produkte entfallen. Aufgrund dessen, dass sowohl die Voll- als auch die Teilkostenrechnung zur Bewertung der Produkte notwendig ist, wird in vielen Unternehmen eine Parallelrechnung vorgenommen, bei der alle Betrachtungsarten sowohl auf Teil- als auch auf Vollkostenbasis möglich sind. Die unterschiedliche Vorgehensweise der beiden Kostenrechnungsmethoden werden im „Intensivtraining Kostenrechnung" behandelt.

Eine Aufschlüsselung der Umsätze, Absätze, Deckungsbeiträge etc. kann hierbei nicht nur nach Produkten, sondern auch nach Kunden bzw. Kundengruppen, Gebieten, Vertriebswegen, Auftragsarten, Außendienstmitarbeitern, Normal- oder Aktionsgeschäft etc. vorgenommen werden, so dass sich hierdurch eine recht breite Basis für die Bewertung der aktuellen Situation ergibt.

Der Nachteil der Betrachtung der Umsätze, Absätze oder Deckungsbeiträge ist darin zu sehen, dass nur die Zielerreichung aber nicht die Effizienz der Marketinginstrumente überprüft wird. Auch die Bildung der Relation zwischen Umsatz oder Deckungsbeitrag und den Ausgaben für die Werbung, den Ausbau der Distributionswege etc. löst dieses Problem nicht. Um die Instrumenteffizienz bestimmen zu können, müsste der Ergebnisbeitrag des einzelnen Marketinginstruments quantifiziert werden. Auch wenn dies in vielen Fällen nicht 100 %ig möglich ist, stellt die Marktforschung heutzutage eine Reihe von Verfahren zur Verfügung, beispielsweise die Mikrotestmärkte, spezielle Kommunikationstests oder auch Simulationen zur Preisfindung, mit deren Hilfe eine diesbezügliche Aussage getroffen werden kann. Die letzte Wahrheit über den Wirkungsgrad der Einzelinstrumente wird es sicherlich nur in wenigen Fällen geben, trotzdem muss die Wirkung einer Marketingmaßnahme zumindest grob bekannt sein, da sonst kein gezieltes Vorgehen möglich ist.

9.1.2 Planfortschrittskontrolle

Die Planfortschrittskontrolle soll sicherstellen, dass Zielabweichungen möglichst früh erkannt werden, damit rechtzeitig Gegenmaßnahmen ergriffen werden können. Ein Verfahren, was sich hierfür sehr gut eignet, ist das in Analogie zur ballistischen Flugbahn entwickelte Leitlinienkonzept (Zieltrajektorie). Voraussetzung für die Anwendung dieses Verfahrens ist, dass eine klare Vorstellung über die Einflussfaktoren auf den Zielerreichungsgrad sowie die Interdependenzen zwischen dieses Faktoren besteht. Hierzu sind umfangreiche Marktuntersuchungen notwendig. Durch die strukturierte Vorgehensweise ist dieses Verfahren auch dazu geeignet, die eigenen Vorstellungen über die Marktgegebenheiten an der Realität zu überprüfen und zu verbessern.

Beispiel 9.1: Zieltrajektorie

Unternehmen A führt ein neues Produkt ein und plant innerhalb der ersten sechs Monate 1,45 Mio. Einheiten zu verkaufen. Aus früheren Untersuchungen ist bekannt, dass sich die Menge wie folgt berechnen lässt:

$$\text{Menge}_t = d * \text{Bekanntheitsgrad}_{t-1}^a * \text{Distribution}_{t-1}^b * \text{Marktvolumen}_t^c$$

a,b,c < 1, d. h., die Wirkung der Marketinginstrumente läßt mit steigendem Einsatz nach,

d = Niveauparameter.

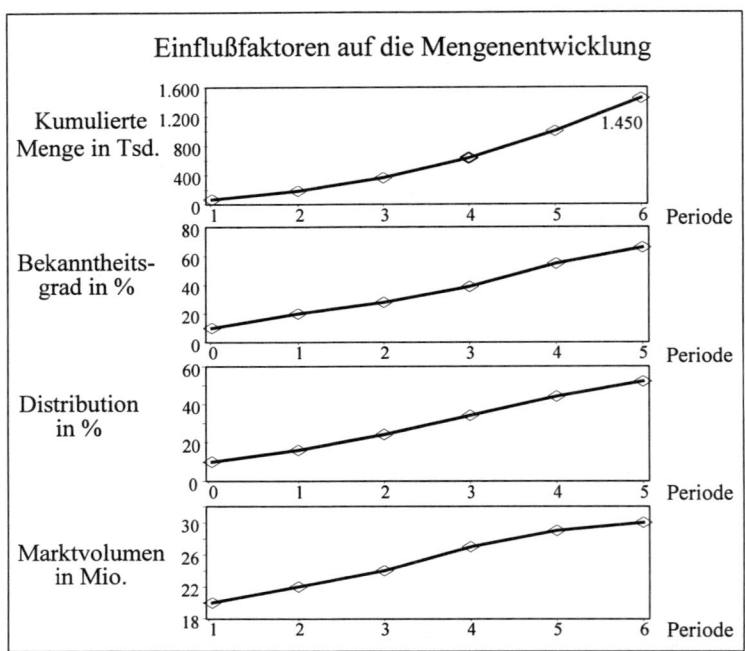

Abbildung 9.1: Zieltrajektorie 1

Normalfall

Am Ende der zweiten Periode beträgt der Bekanntheitsgrad 28 % und die gewichtete Distribution 24 %, so dass sich bei einem Marktvolumen von 24 Mio. Mengeneinheiten in der dritten Periode ein kumulierter Absatz von 364 Tsd. Einheiten ergibt. Diese Größen sind notwendig, damit in der sechsten Periode das Mengenziel von 1,45 Mio. Einheiten erreicht werden kann (vgl. Abbildung 9.1).

Störfall

Am Ende der zweiten Periode beträgt die gewichtete Distribution nicht 24 % sondern nur 18 %. Als Konsequenz ergibt sich nun, wenn man vereinfachend davon ausgeht, dass die prozentuale Veränderung von Periode zu Periode gleich bleibt, dass in der fünften Periode nur ein Distributionswert von 40 % und nicht, wie geplant, von 52 % realisiert werden kann. Die kumulierte Menge am Ende der 6. Periode geht um 260 Tsd. Einheiten = 18 % zurück (vgl. Abbildung 9.2).

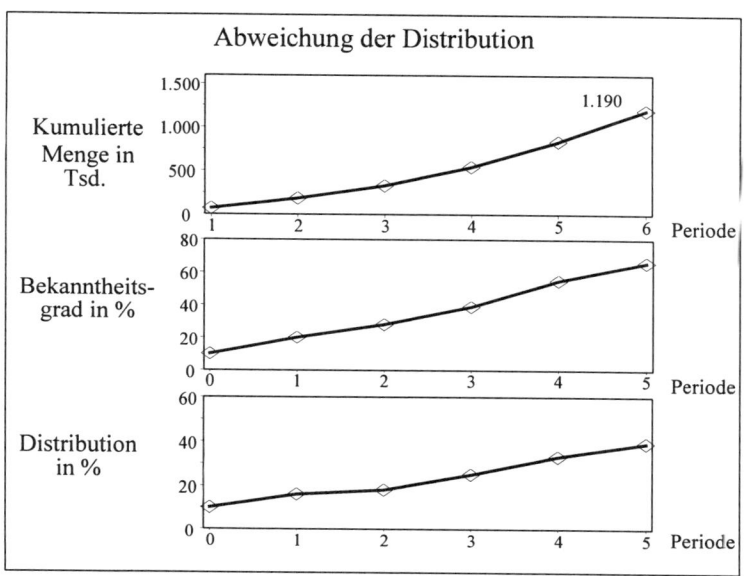

Abbildung 9.2: Zieltrajektorie 2

Aufgrund der Abweichung bei der Distribution beschließt der verantwortliche Produktmanager, den Bekanntheitsgrad stärker zu erhöhen, als dies geplant war, um zumindest einen Teil der drohenden Mengenabweichung kompensieren zu können. Seine Maßnahmen führen dazu, dass der Bekanntheitsgrad in der dritten Periode bei 45 % und damit 6 %-Punkte über Plan liegt. Durch diese Gegenmaßnahme kann die Menge am Ende der sechsten Periode auf 1,28 Mio. Einheiten erhöht werden. D. h., von der durch die am Ende der zweiten Periode fehlende Distribution bewirkten Planunterdeckung in Höhe von 260 Tsd. Einheiten können 35 % (= 90 Tsd. Einheiten) durch eine Erhöhung des Bekanntheitsgrads in der dritten Periode ausgeglichen werden (vgl. Abbildung 9.3).

Trotz der Einfachheit des Beispiels wird deutlich, dass mit Hilfe der Zieltrajektorie frühzeitig drohende Planabweichungen erkannt und durch geeignete Maßnahmen abgeschwächt oder ganz verhindert werden können. Je länger man mit diesem Instrument arbeitet, desto genauer werden die unterstellten Wirkungszusammenhänge, wodurch die Effizienz der Marketinginstrumente kontinuierlich erhöht werden kann.

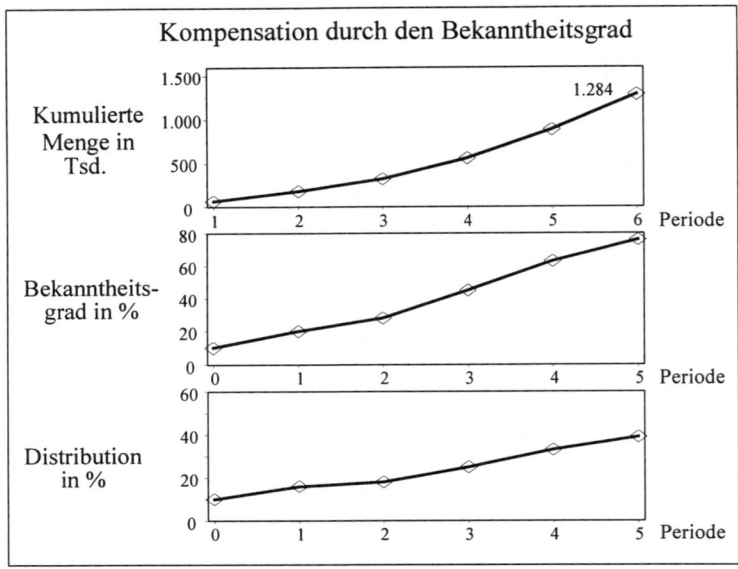

Abbildung 9.3: Zieltrajektorie 3

9.2 Strategisches Marketing-Controlling

Die Aufgaben des strategischen Marketing-Controlling lassen sich in die vier Bereiche

- Prämissen-Audit,
- Ziel- und Strategie-Audit,
- Maßnahmen-Audit,
- Prozess- und Organisationsaudit

unterteilen.

Mit Hilfe des Prämissen- und des Ziel- und Strategieaudits soll die Effektivität des Marketing sichergestellt werden. Das Maßnahmenaudit dient ebenso zur Erhöhung der Effizienz der Marketinginstrumente wie das Prozess- und Organisationsaudit (vgl. Tabelle 9.1). Gerade im Bereich des Prozess- und Organisationsaudits zeigt sich immer wieder, dass hier noch große Verbesserungspotenziale vorhanden sind.

Tabelle 9.1: Elemente des strategischen Marketing-Controlling

Bereich	Bereichsziele	Aufgabe des Marketing-Audits
Prämissen-Audit	Die richtigen Rahmenbedingungen definieren (Effektives Marketing)	Überprüfung und Bewertung von Gesetzmäßigkeiten und Strukturen des Umsystems.
Ziel- und Strategie-Audit	Die richtigen Sachen machen (Effektives Marketing)	Überprüfen der Umwelt-Adäquanz des Zielsystems sowie der Ziel- und Umwelt-Adäquanz der Strategien
Maßnahmen-Audit	Die Sachen richtig machen (extern) (Effizientes Marketing)	Überprüfung der Effizienz des Marketing-Mix im Hinblick auf die Umsetzung der Strategien
Prozess- und Organisations-Audit	Die Sachen richtig machen (intern) (effizientes Marketing)	Überprüfung der internen Kommunikation sowie der organisatorischen Regelungen im Hinblick auf die Umsetzung der Strategien bzw. der Maßnahmen

Ein erfolgreiches Marketing-Audit setzt ebenso wie die Anwendung der Zieltrajektorie voraus, dass ein Modell über die Beziehungen zwischen den Einflussfaktoren untereinander und dem Zielerreichungsgrad vorhanden ist. Um solch ein Modell in einem Team zu diskutieren, um zu einer Teamlösung zu kommen, muss es visualisiert werden. Hierzu eignet sich insbesondere der Aufbau von Netzwerken, da diese, auf dem Ansatz des vernetzten Denkens (Probst/Ulrich 1988) beruhende, Vorgehensweise auf mathematische bzw. statistischen Methoden verzichtet. In Abbildung 9.4 ist ein kleines Netzwerk abgebildet, wobei folgende Zeichen eingesetzt wurden:

+: zwischen den beiden Variablen besteht ein positiver Zusammenhang, d. h., steigt die eine Variable, nimmt auch die andere zu,

−: zwischen den beiden Variablen besteht ein negativer Zusammenhang,

dicke Striche: kurzfristige Beziehung,
gepunktete Striche: mittelfristige Beziehung,
dünne Striche: langfristige Beziehung.

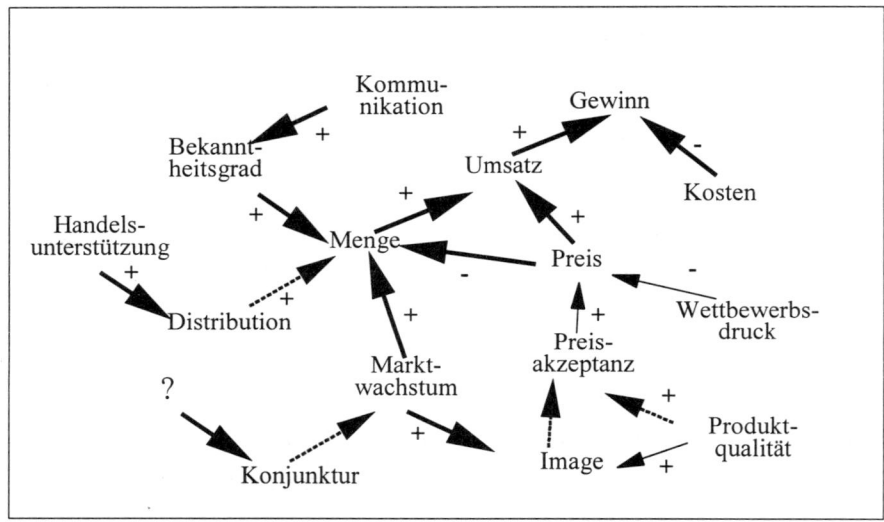

Abbildung 9.4: Entwicklung eines Netzwerkes

Als Ausgangspunkt für das strategische Marketing-Controlling sollte jedes Unternehmen versuchen, für seine Produkte und für seine Umwelt ein Netzwerk zu entwickeln, um wirklich Ursachen-Wirkungszusammenhänge aufzeigen zu können. Je besser dies gelingt, desto höher ist der Grad der Effektivität und Effizienz im Marketingbereich.

Übungsaufgaben zum 9. Kapitel

Aufgabe 9.1:

Was versteht man unter Marketing-Controlling?

Aufgabe 9.2:

Wie kann eine sinnvolle Planfortschrittskontrolle durchgeführt werden?

Aufgabe 9.3:

Aus welchen Bereichen besteht das Marketing-Audit?

Aufgabe 9.4:

Welche Inhalte werden im Rahmen des Ziel- und Strategieaudits verfolgt?

10 Marketingorganisation

Im Rahmen der Marketingorganisation werden der Aufbau der Marketingabteilung sowie die Prozesse innerhalb der Abteilung festgelegt. Darüber hinaus muss sichergestellt werden, dass die Schnittstellen zu den anderen Abteilungen nicht zu Engpassfaktoren werden.

10.1 Aufbauorganisation einer Marketingabteilung

In der Regel sind heutzutage die Marketingabteilungen produkt-, kunden- oder gebietsorientiert organisiert, wobei zusätzlich verschiedene Stabsfunktionen direkt an den Marketingleiter berichten. Ein typisches Organigramm einer Marketingabteilung ist in Abbildung 10.1 dargestellt.

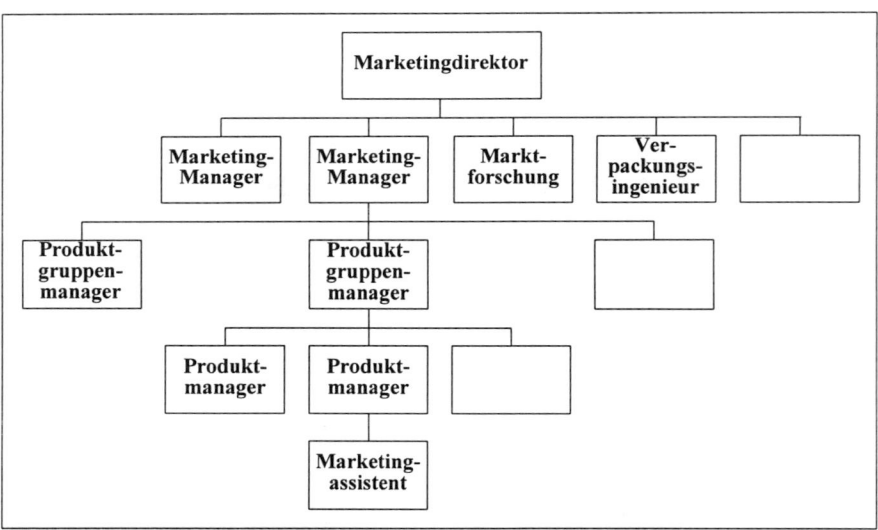

Abbildung 10.1: Aufbauorganisation einer Marketingabteilung

Die Marketingmanager sind für bestimmte Produktbereiche, die Produktgruppenmanager für Produktgruppen und die Produktmanager für einzelne Produkte verantwortlich. Je nach Arbeitsumfang kann einem Produktmanager ein Marketingassistent oder ein Junior-Produktmanager zugeordnet werden. Neben dem Produktmanagement unterstützen die Marktforschung,

172

das Marketing-Controlling, der Verpackungsingenieur sowie die Verkaufsförderung die Marketingabteilung, wobei diese Abteilungen in Abbildung 10.1 direkt an den Marketingdirektor berichten.

Der Produktmanager ist, seit er 1927 erstmals bei Procter&Gamble eingesetzt wurde, der klassische Mitarbeiter im Marketingbereich. Er ist für alle Belange rund um die von ihm betreuten Produkte verantwortlich und hat das Produkt entsprechend den strategischen Vorgaben zu führen. Als Produktspezialist und Funktionsgeneralist muss er die Marketingpläne entwickeln, deren Realisierung bewirken, den Ergebnisverlauf kontrollieren sowie frühzeitig Maßnahmen ergreifen, wenn die Zielerreichung gefährdet ist.

Aufgrund der beschriebenen Aufgabenstellung muss der Produktmanager nicht nur über fundierte theoretische Kenntnisse verfügen, sondern auch überzeugend und zielstrebig seine Ziele verfolgen können. Weitere Anforderungen sind Kreativität, ein Gespür für erfolgreiche Innovationspotenziale sowie die Fähigkeit, bereichsübergreifende Zusammenhänge zu erkennen und zu managen. Ein hohes Maß an sozialer Kompetenz ist insbesondere auch deshalb notwendig, da Produktmanager in der Regel dem mittleren Management angehören und somit ihre Wünsche nicht mit Hilfe ihrer hierarchischen Stellung durchsetzen können.

10.2 Ablauforganisation einer Marketingabteilung

Ohne an dieser Stelle auf die unterschiedlichen Gestaltungsmöglichkeiten einer Ablauforganisation (Führung etc.) einzugehen, sollen kurz die wesentlichen Voraussetzungen für eine funktionsfähige Marketingabteilung aufgezeigt werden.

Die Strukturen in der Marketingabteilung müssen so gestaltet werden, dass der einzelne Mitarbeiter ein Höchstmaß an Eigenverantwortung hat, damit er auch kurzfristig auf Chancen oder Risiken im Zusammenhang mit seinem Aufgabenbereich reagieren kann. Diese Entscheidungsbefugnisse werden natürlich durch die im Marketingplan festgelegten Rahmenbedingungen begrenzt. Muss für jede Entscheidung ein langer Instanzenweg gestartet werden, verkürzt dies nicht nur unnötig den Reaktionsspielraum des Unternehmens, sondern wirkt auch demotivierend auf die Mitarbeiter, die eine im Vergleich zu entsprechenden Positionen in anderen Abteilungen weit überdurchschnittliche Verantwortung zu tragen haben.

Damit die oben formulierten Ansprüche auch umgesetzt werden können, ist ein möglichst ungehinderter Informationsfluss zu gewährleisten. Wissen ist Macht, d. h. das gezielte Einbringen von Informationen sollte innerhalb einer Marketingabteilung keine Bedeutung haben. Diese Forderung muss allerdings in vielen Unternehmen noch der Theorie zugeordnet werden, da dort kaum von einem Fluss, sondern eher von einem Sickern der Informationen zu sprechen ist.

10.3 Schnittstellenmanagement

Es wurde bereits aufgezeigt, dass die Marketingabteilung sehr eng mit anderen Abteilungen im Unternehmen zusammenarbeiten muss, um ihren Auftrag erfüllen zu können. Hierzu zählen nicht nur der Vertrieb und die Entwicklungsabteilung, sondern praktisch das gesamte Unternehmen. Aus diesem Grund müssen die Marketingmitarbeiter auch in der Lage sein, sich in die Probleme der anderen Abteilungen hineinzudenken, um gemeinsame Lösungen entwickeln zu können. Weiterhin ist dafür zu sorgen, dass der Informationsfluss nicht nur innerhalb der Marketingabteilung, sondern auch zwischen den Abteilungen reibungslos fließt. Der Produktmanager braucht, um seine Produkte optimal führen zu können, die neuesten Informationen aus dem Außendienst, die aktuellsten Patentanmeldungen sowie die Preis- und Mengenschätzungen für die nächsten Rohstofflieferungen. Andererseits muss natürlich der Informationsfluss in die andere Richtung genausogut funktionieren, damit alle Entscheidungsträger eine möglichst vollständige Analyse ihrer Problemstellungen vornehmen können.

Übungsaufgaben zum 10. Kapitel

Aufgabe 10.1:

Nach welchen Kriterien sollte sich die Aufbauorganisation einer Marketingabteilung richten?

Aufgabe 10.2:

Welche Anforderungen an die Ablauforganisation einer Marketingabteilung sollten erfüllt sein?

Aufgabe 10.3:

Über welche Eigenschaften sollte ein Produktmanager verfügen?

Aufgabe 10.4:

Was versteht man unter Schnittstellenmanagement?

11 E-Commerce

11.1 Begriffsbestimmung

Der Begriff E-Commerce beschreibt kommerzielle Aktivitäten rund um das Internet. Allerdings gibt es noch keine allgemein gültige bzw. anerkannte Definition dieses Begriffs, so dass in der Literatur ganz unterschiedliche Abgrenzungen zu finden sind. Um dem Ausmaß der möglichen Veränderungen gerecht zu werden, sollte man E-Commerce als Begriff für alle Transaktionen auf elektronischen Marktplätzen mit starkem Einfluss auf die internen Geschäftsprozesse ansehen. E-Commerce wird hierbei als Teilbereich des E-Business gesehen, dass sich auf alle Wertschöpfungsprozesse eines Unternehmens bezieht.

Die Aspekte, die im Zusammenhang mit E-Commerce beachtet werden müssen, sind so vielfältig, dass sie im Rahmen dieser kurzen Einführung noch nicht einmal alle angesprochen werden können. E-Commerce wird nicht nur den Vertrieb oder das Marketing verändern, sondern massive Auswirkungen auf alle Prozesse im Unternehmen haben, da der Weg vom E-Commerce zum E-Business vorgezeichnet ist.

Da der Kunde im Zentrum aller marketingpolitischen Überlegungen steht, wird nachfolgend kurz skizziert, wie eine Bindung der Kunden im Netz gelingen kann, bzw. welche Einflussfaktoren hierbei zu beachten sind.

11.2 Kundenbindung im E-Commerce

Das größte Problem der Kundenbindung im Netz dürfte in der fehlenden persönlichen Beziehung und die damit verbundenen emotionalen Bindungen liegen. Aus diesem Grund ist es notwendig, sich genau darüber Klarheit zu verschaffen, warum ein Kunde bei einem bestimmten Anbieter kauft, bzw. wie sich sein Nettonutzen aus dieser Geschäftsbeziehung ergibt.

Zur Verdeutlichung, wo sich durch E-Commerce neue Handlungsalternati- ven ergeben, sind in Abbildung 1 die verschiedenen Nutzen- und Auf- wandsdimensionen bei einem Kauf aufgezeigt (Kotler/ Bliemel 1999, S. 49)

Nutzendimensionen		Aufwandsdimensionen
Produktnutzen		Monetärer Aufwand
Nutzen durch Zu- satzdienstleistungen		Zeitaufwand
Nutzen durch Mitar- beiter		Physischer Aufwand
Nutzen durch Image		Psychischer Aufwand
Nutzensumme		Aufwandssumme
Nettonutzen		

Abbildung 11.1: Nutzen- und Aufwandsdimensionen

Bezogen auf den Produktnutzen kann durch E-Commerce natürlich eine Steigerung in Form eines stärker auf die individuellen Wünsche und Vor- stellungen ausgerichteten Angebots erfolgen. Allerdings sind hierbei die produktionstechnischen Rahmenbedingungen zu beachten, die je nach Produktkategorie eine Individualisierung nur begrenzt zulassen. Anderseits kann der Produktinnovationsprozess verbessert werden, wenn man ständig mit seinen oder potenziellen Kunden Kontakt hat und deren Anfragen sys- tematisch auswertet.

Im Bereich der Zusatzdienstleistungen ergeben sich durch das Internet eine Vielzahl von sehr kundenbezogenen Möglichkeiten. So können beispiels- weise kundenbezogenen Informationen, technische Unterlagen zu den Ma- schinen beim Kunden oder auch spezielle Schulungsunterlagen bereit ge- stellt werden. Andererseits wird es immer dann schwierig werden, den Kunden von den elektronischen Angeboten zu überzeugen, wenn er es bis- her gewohnt war, einen persönlichen Ansprechpartner zu haben. Diese Präsenz wird aber in den meisten Fällen sowieso nicht vollständig aufge- geben werden können, da bestimmte Tätigkeiten (Wartung, Reparatur, etc.) nur selten per Internet durchgeführt werden können.

Die Probleme der Ablösung bestehender persönlicher Kontakt wird auch durch die Dimension „Nutzen durch Mitarbeiter" angesprochen. Eine Nutzensteigerung lässt sich in diesem Bereich erreichen, wenn durch den Einsatz des Internet Kundenanfragen besser strukturiert werden können und diese dann den „richtigen" Ansprechpartner im Unternehmen genannt bekommen, um so kurzfristig die richtigen Antworten zu bekommen.

Die Dimension „Nutzen durch Image" zielt auf die Gruppe von Unternehmen oder Individuen, die sich als modern, innovativ etc. darstellen möchten bzw. nach Anerkennung und Selbstbestätigung streben. Beispielsweise kann der Zugriff auf bestimmte Bereiche der Unternehmenswebseite von der Bedeutung des Kunden abhängig gemacht werden. Diese Vorgehensweise findet man zum Beispiel im Rahmen der Vielfliegerprogramme bei Fluggesellschaften.

Auf der Aufwandsseite lassen sich ebenfalls Ansatzpunkte zur Kundenbindung herausarbeiten. Bei der monetären Dimension betrifft dies weniger den Produktpreis, sondern eher Kosten, die durch Fahrten zum Geschäftspartner oder durch die Informationssuche entstehen.

Offensichtlich sind die Vorteile bei der Zeit, wobei man aber auch hier deutlich machen muss, dass die Zeitersparnis sehr stark von der Produktkategorie und den Vorstellungen des Kunden determiniert wird.

Der physische Aufwand sinkt, wenn auf die Besuche z. B. beim Handel verzichtet werden kann. Eine psychische Entlastung entsteht dadurch, dass durch das Netz die Informationsversorgung deutlich erleichtert wird. Produkt- und Preisvergleiche können in einigen Produktbereichen völlig unproblematisch durchgeführt werden, so dass hier ein Gefühl der Sicherheit beim Kunden entsteht.

Wie oben kurz aufgezeigt wurde, bietet E-Commerce eine Vielzahl von Ansatzpunkten, um den Nettonutzen der Kunde zu erhöhen. Es bleibt dann die Hoffnung, das ein hoher Nettonutzen auch zur Kundenbindung und zum Wiederholungskauf führt.

Übungsaufgaben zum 11. Kapitel

Aufgabe 11.1:
Worin liegt der Unterschied zwischen E-Commerce und E-Business?

Aufgabe 11.2:
In welche Dimensionen kann man den Nettonutzen im Rahmen eines Geschäftsabschlusses unterteilen?

Aufgabe 11.3:
Welche Möglichkeiten zur Erhöhung des Produktnutzens ergeben sich durch die Einführung von E-Commerce?

Aufgabe 11.4:
Was bedeutet die Dimension „physischer Aufwand"?

Tipps zur Lösung der Übungsaufgaben

Aufgabe 1.3:

Investitionsgüter werden von Unternehmen oder öffentlichen Institutionen nachgefragt.

Aufgabe 2.2:

Der Marktforschungsprozess setzt sich aus fünf Phasen zusammen.

Aufgabe 2.3:

Reliabilität ist eine mehr technische Eigenschaft, wohingegen sich die Validität auf die Inhalte bezieht.

Aufgabe 2.5:

Mit Hilfe des Quotaverfahrens vereinfacht man die Stichprobenzie-

hung, da man davon ausgeht, dass man die Grundgesamtheit bzw. die Zielgruppe genau kennt.

Aufgabe 2.6:

a) Der Korrelationskoeffizient kann mit folgender Formel berechnet werden:

$$r = \frac{\sum (x - \overline{x})(y - \overline{y})}{\sqrt{\sum (x - \overline{x})^2 \sum (y - \overline{y})^2}}$$

$$\sum (x - \overline{x})(y - \overline{y}) = -6$$

$$\sum (x - \overline{x})^2 = 6$$

$$\sum (y - \overline{y})^2 = 14$$

b) $y = a + bx$

Die Regressionskoeffizienten werden anhand folgender Formeln bestimmt:

$$b = \frac{\frac{1}{n}\sum xy - \overline{xy}}{\frac{1}{n}\sum x^2 - \overline{x}^2}$$

$$\sum xy \quad = 174$$
$$\overline{xy} \quad = \ 30$$
$$\sum x^2 \quad = 156$$

$$b = -1$$

$$a = \overline{y} - b\overline{x}$$

$$y = 11 - x$$

Aufgabe 2.7:

Die Signifikanz sagt etwas über die Übertragbarkeit von Stichprobenergebnissen auf die Grundgesamtheit aus.

Aufgabe 3.2:

Die Black-Box bezieht sich auf die Frage, warum bestimmte Kaufentscheidungen entstehen.

Aufgabe 3.9:

Es handelt sich um die kognitive, die affektive und die konative

Komponente.

Aufgabe 3.10:

Das Buying-Center beschreibt einen Zusammenschluss unterschiedlicher Personen im Rahmen einer Beschaffungsmaßnahme.

Aufgabe 3.11:

Der Kauftyp läßt sich aus vier unterschiedlichen Gesichtspunkten bestimmen.

Aufgabe 4.3:

Die SOFT-Analyse setzt sich aus der Chancen-Risiken- und der Stärken-Schwächen-Analyse zusammen.

Aufgabe 4.6:

Strategische Lücken entstehen in der Regel aufgrund veränderter Rahmenbedingungen.

Aufgabe 5.2:

Der Innovationsprozess startet, nachdem festgestellt wurde, dass mit dem bisherigen Sortiment die Ziele nicht mehr erreicht werden können.

Aufgabe 5.8:

Häufig werden bei der Sortimentsanalyse zweidimensionale Graphiken erstellt.

Aufgabe 6.2:

Letztendlich ist immer die Frage zu klären, zu welchem Preis welche Menge am Markt abgesetzt werden kann.

Aufgabe 7.4:

Der Handel übernimmt Aufgaben, die der einzelne Hersteller nicht erbringen kann.

Aufgabe 7.6:

Es ist eine quantitative und eine qualitative Analyse durchzuführen.

Aufgabe 8.4:

Es besteht eine deutliche Differenz zwischen der theoretisch richtigen und der in der Praxis vielfältig eingesetzten Bestimmung der Höhe des Werbebudgets.

Aufgabe 8.6:

Am Verkaufserfolg sind unterschiedliche Personen bzw. Institutionen beteiligt, die alle von Verkaufsförderungsmaßnahmen profitieren können.

Aufgabe 9.2:

Zur Durchführung einer Planfortschrittskontrolle müssen auch Ziele für die Einflussfaktoren auf den Zielerreichungsgrad definiert werden.

Aufgabe 10.3:

Umfangreiches Fachwissen ist nur die notwendige Bedingung für eine erfolgreiche Tätigkeit als Produktmanager. Hinreichend werden die Fähigkeiten erst dann, wenn er auch über umfangreiche soziale Kompetenzen verfügt.

Aufgabe 11.2:

Der Nettonutzen ergibt sich als Differenz zwischen der Nutzen- und der Aufwandssumme.

Musterlösungen zu den Übungsaufgaben

Aufgabe 1.1:

Marketing als marktorientierte Unternehmensführung beinhaltet Marketing als Leitkonzept des Managements, Marketing als Funktion im Unternehmen sowie Marketing als Methode.

Aufgabe 1.2:

Materielle und immaterielle Güter bilden zusammen die wirtschaftlichen Güter. Die materiellen Güter setzen sich aus den Konsum-, Produktions- und Investitionsgütern zusammen, wohingegen Dienstleistungen, Patente und Informationen als immaterielle Güter bezeichnet werden.

Aufgabe 1.3:

Investitionsgüter werden von Organisationen und nicht von privaten Haushalten gekauft. Die Nachfrage nach Investitionsgütern ist von den Marktchancen der Güter abhängig, die mit Hilfe der Investitionsgüter produziert werden sollen. Weiterhin sind der hohe Grad der Internationalisierung, die Transparenz, die enge Verbindung zwischen Anbietern und Kunden sowie die vielfältigen Finanzierungsmöglichkeiten charakteristisch für Investitionsgütermärkte.

Aufgabe 1.4:

Der Marketing-Managementprozess kann in die Bereiche Situationsanalyse, Prognose, Zielbestimmung, Strategieplanung, Maßnahmenplanung, Realisation und operatives Marketing-Controlling unterteilt werden. Zusätzlich sind das Marketing-Audit sowie das Informationsmanagement zu berücksichtigen.

Aufgabe 2.1:

Auf den Beschaffungsmärkten muss die Frage wer liefert, was, wann, wo, in welchen Mengen, über welche Kanäle, zu welchen Preisen und zu welchen Bedingungen beantwortet werden. Auf den Absatzmärkten lautet die Fragestellung ähnlich, wobei die Frage hier mit wer benötigt, was, ... beginnt. Zusätzlich muss analysiert werden, warum die Produkte benötigt werden. Dieser Zusatzaspekt ist der schwierigste Teil der Aufgaben auf den Absatzmärkten.

Aufgabe 2.2:

Der Prozess einer Marktforschungsstudie kann in die Definitions-, Design-, Feld-, Analyse- und Umsetzungsphase unterteilt werden.

Aufgabe 2.3:

Die Reliabilität bezieht sich auf die Genauigkeit der Meßinstrumente, wohingegen die Validität Aussagen darüber zuletzt, inwieweit das gemessen wurde, was gemessen werden sollte.

Aufgabe 2.4:

Die wesentlichen Unterschiede liegen darin, dass bei einer schriftlichen Befragung keine zusätzlichen Erklärungen möglich sind, nicht mit Bestimmtheit gesagt werden kann, wer den Fragebogen ausgefüllt hat, der Proband beeinflusst werden kann und der Rücklauf in der Regel relativ gering ist. Andererseits liegen die Kosten von schriftlichen Befragungen deutlich unter vergleichbaren mündlichen Interviews.

Aufgabe 2.5:

Beim Quotaverfahren werden den Interviewern Quoten für die Erhebung vorgegeben, damit die Stichprobe insgesamt die gleiche Struktur wie die Zielgruppe bekommt. Allerdings muss hierfür die Struktur der Zielgruppe bekannt sein, da ansonsten fehlerhafte Ergebnisse entstehen.

Aufgabe 2.6:

a) Der Produkt-Moment-Korrelationskoeffizient wird nach folgender Formel berechnet:

$$r = \frac{\sum (x - \bar{x})(y - \bar{y})}{\sqrt{\sum (x - \bar{x})^2 \sum (y - \bar{y})^2}}$$

$\bar{x}$ = Mittelwert der Variable x
$\bar{y}$ = Mittelwert der Variable y

x	y	$(x - \bar{x})$	$(y - \bar{y})$	$(x - \bar{x})(y - \bar{y})$	$(x - \bar{x})^2$	$(y - \bar{y})^2$
5	7	0	1	0	0	1
4	8	-1	2	-2	1	4
5	4	0	-2	0	0	4
7	4	2	-2	-4	4	4
4	6	-1	0	0	1	0
5	7	0	1	0	0	1

$\bar{x} = 30/6 = 5$

$\bar{y} = 36/6 = 6$

$$r = \frac{-6}{\sqrt{6*14}} = -0,65$$

Es besteht ein deutlicher negativer (linearer) Zusammenhang zwischen den Variablen x und y.

b) Die Regressionskoeffizenten berechnen sich wie folgt:

$$b = \frac{\frac{1}{n}\sum xy - \overline{xy}}{\frac{1}{n}\sum x^2 - \bar{x}^2}$$

$$a = \bar{y} - b\bar{x}$$

x	y	xy	x^2
5	7	35	25
4	8	32	16
5	4	20	25
7	4	28	49
4	6	24	16
5	7	35	25

186

$$b = \frac{\frac{1}{6}174 - 5*6}{\frac{1}{6}156 - 5^2} = -1$$

$$a = 6 - (-1)*5 = 11$$

$$y = 11 - x$$

Die Variable y ist um so höher, je kleiner x ist. Mit jeder zusätzlichen Einheit von x, verringert sich y um eine Einheit. Für x = 0 gilt y = 11.

c) Das Bestimmtheitsmaß setzt die durch die Regression erklärte Streuung der zu erklärenden Variablen ins Verhältnis zu deren Gesamtstreuung. Der Wert des Bestimmtheitsmaßes liegt zwischen 1 (vollständige Erklärung der Streuung) und 0 (keinerlei Erklärung der Streuung).

Aufgabe 2.7:
Signifikanz bedeutet, dass ein Stichprobenergebnis gegen den Zufall abgesichert ist, d. h., der vorgefundene Zusammenhang in der Stichprobe wird lediglich mit einer Wahrscheinlichkeit von α nicht in der Grundgesamtheit auftreten. α gibt hierbei das Signifikanzniveau an. Liegt α unter 5%, spricht man von signifikanten, bei $\alpha < 1\%$ von hochsignifikanten Ergebnissen.

Aufgabe 2.8:
Das Kundenmanagement besteht aus den vier Teilbereichen:
* Kundenzufriedenheitsmanagement
* Beschwerdemanagement
* Rückgewinnungsmanagement
* Neukundenmanagement

Aufgabe 2.9:
Die ereignisbezogenen Meßverfahren werden nach einen bestimmten Ereignis, wie zum Beispiel dem Abschluss eines Kaufvertrages oder nach einem Beratungsgespräch eingesetzt, wohingegen bei den merkmalsorien-

tierten Verfahren im Vorfeld festgelegte Kriterien abgefragt werden. Die Bewertung im Sinne einer Festlegung von „gut" bzw. „besser" ist nicht möglich. Beide Vorgehensweisen sollten parallel eingesetzt werden, da sie unterschiedliche Informationen liefern, die dem Unternehmen als Ausgangsbasis für Verbesserungen dienen können.

Aufgabe 2.10:

Ein aktives Beschwerdemanagement besteht aus fünf Teilbereichen:
- Beschwerde = Chance als Teil der Unternehmensphilosophie
- Aktive Beschwerdeanimation
- Kundenspezifische Beschwerdebearbeitung
- Systematische Beschwerdeanalyse
- Beschwerdecontrolling

Aufgabe 3.1:

Zur ökonomischen Dimension gehören zum Beispiel die Wachstumsrate des Bruttoinlandsprodukts, die Sparquote, die Höhe der Leitzinsen, die Arbeitslosenquote oder die Höhe der Staatsverschuldung.

Aufgabe 3.2:

In einem Black-Box-Modell werden zur Erklärung der Kaufentscheidungen nur die objektiv meßbaren Einflußfaktoren (Marketinginstrumente etc.) herangezogen. Wie die Kunden ihre Entscheidung treffen, wird dagegen nicht analysiert (Black-Box). Diese Modelle entsprechen dem klassisch-behavioristischen Ansatz.

Aufgabe 3.3:

Es handelt sich hierbei um die kulturellen, die sozialen, die persönlichen und die psychologischen Faktoren. Jeder dieser Vier Faktoren unterteilt sich weiterhin in eine Vielzahl von Unterfaktoren.

Aufgabe 3.4:

Der Unterschied zwischen diesen beiden Kaufsituationen ist in der nachfolgenden Tabelle anhand einiger Aspekte zusammengefasst.

High-Involvement	Low-Involvement
Aktive Informationssuche	Passives Informationsverhalten
Markenbewertung vor dem Kauf	Keine Markenbew. vor dem Kauf
Viele Merkmale beachtet	Wenige Merkmale beachtet
Viel sozialer Einfluss	Wenig sozialer Einfluss
Optimierungsziel	Anspruchsniveauziel
Stark verankerte Einstellung	Gering verankerte Einstellung
Hohe Gedächtnisleistung	Geringe Gedächtnisleistung

Aufgabe 3.5:

Emotionen sind Erregungszustände der Psyche, die als angenehm oder unangenehm empfunden und mehr oder weniger stark bewusst erlebt werden. Sie sind durch ihre:

- Stärke, d. h. Intensität der Aktivierung,
- Richtung, d. h. angenehme oder unangenehme Reizempfindung und
- Erlebnisinhalte, d. h. Assoziationen durch die Reizaufnahme

gekennzeichnet.

Aufgabe 3.6:

Einstellungen können wie folgt charakterisiert werden:

- sie sind gegenstandsbezogen, d. h., es liegt ein eindeutiges Bezugsobjekt vor,
- sie sind das Ergebnis der Interaktion zwischen dem Individuum und seiner Umwelt, sie werden gelernt und
- sie können nicht nur unmittelbar, sondern auch mittelbar, durch Kommunikation mit Dritten oder durch Nachahmen, erworben werden.

Aufgabe 3.7:

Das Modell von Trommsdorff beruht auf der Idee, dass der Entscheider, bezogen auf eine bestimmte Produktgruppe, ein „Idealprodukt" definieren kann. D.h., sowohl eine zu niedrige als auch eine zu hohe Merkmalsausprägung wird von dem Entscheider als negativ angesehen.

$$D_{kj} = \sum_{i=1}^{n} \left| B_{ijk} - I_{ik} \right|$$

D_{kj} = Distanz zwischen der aktuellen Bewertung von Objekt j durch den Konsumenten k und der aus der Sicht des Konsumenten optimalen Lösung = Einstellung,

B_{ikj} = von Konsument k wahrgenommene Ausprägung von Eigenschaft i bzgl. Marke j (kognitive Komponente),

I_{ik} = ideale Ausprägung für das Merkmal i bezogen auf die betrachtete Objektkategorie aus der Sicht des Konsumenten k (affektive Komponente),

n_k = Anzahl der aus der Sicht des Konsumenten k für die Bewertung relevanten Eigenschaften

Aufgabe 3.8:

Unter selektiver Wahrnehmung versteht man, dass in der Regel Informationen nicht vollständig, sondern nur „selektiv" wahrgenommen werden. Dies ist eine automatische Reaktion auf ein Überangebot von Informationen.

Aufgabe 3.9:

Die 3-Komponenten-Theorie ist ein Ansatz aus der Einstellungsforschung. Es wird unterstellt, dass sich Einstellungen aus der kognitiven Gegenstandsbeurteilung (kognitive Komponente) und der Motivation (affektive Komponente) ergeben. Die Einstellungen führen dann in Verbindung mit den Verhaltenstendenzen (konative Komponente) zu einer bestimmten Handlung.

Aufgabe 3.10:

Ein Buying-Center ist ein Team zur Beschaffung größerer Produkte. Es setzt sich in der Regel aus dem zukünftigen Benutzer des Beschaffungsobjekts, einem Einkäufer, einem Beeinflusser zur Überprüfung unternehmensinterner Normen und Standards, dem Informationsselektierer und dem Entscheider zusammen.

Aufgabe 3.11:

Der Kauftyp kann in die vier Untergruppen Wert des Investitionsobjekts,

Kaufanlass, Innovationsgrad und Produktionstechnologie unterteilt werden. Diese Unterscheidung ist wichtig, weil sich hieraus der Informationsstand des Kunden ableiten läßt, der wiederum für die Planung der eigenen Marketinginstrumente von großer Bedeutung ist.

Aufgabe 3.12:

Als potentielle Konkurrenten kommen Lieferanten, Absatzmittler, Kunden, Unternehmen mit ähnlicher Technologie, Unternehmen mit dem gleichen Angebot auf anderen Märkten oder Lieferanten anderer Güter bei den gleichen Kunde in Frage.

Aufgabe 4.1:

Strategische Geschäftseinheiten beziehen sich auf interne Strukturen, wohingegen strategische Geschäftsfelder im Markt definiert werden. SGE sind dadurch gekennzeichnet, dass sie eine eigenständige Marktaufgabe lösen müssen, sie weitgehend getrennt von den anderen Unternehmensteilen arbeiten und sie die Ziel- und Strategieplanung selbständig durchführen. Die Einteilung der SGF erfolgt in der Regel anhand der Kriterien: Kundengruppe, Kundenbedürfnisse und Technologie.

Aufgabe 4.2:

Ein Marketingplan ist üblicherweise wie folgt gegliedert: Zusammenfassung und nächste Schritte, Situationsanalyse, Prognose, Ziel -und Strategieplanung, Maßnahmen, Durchführung und Controlling-Instrumente.

Aufgabe 4.3:

Mit Hilfe der S(trengths) O(pportunities) F(ailure) T(hreats) kann man feststellen, in welchen Bereichen die größten Chancen in Verbindung mit den eigenen Stärken liegen, bzw. wo Marktrisiken mit eigenen Schwächen zusammentreffen. Die SOFT-Analyse ist eine Kombination der Chancen-Risiken- mit der Stärken-Schwächen-Analyse.

Aufgabe 4.4:

Der Vorteil dieses Portfolios liegt einerseits in seiner Übersichtlichkeit, andererseits in seiner relativ leichten Entwicklung. Als Nachteile sind der hohe Grad an Subjektivität bei der Achsenzusammenstellung, das Vernachlässigen von Verbundeffekten sowie die Einschränkung auf bestehende Märkte ein Verbindung mit etablierten Produkten.

Aufgabe 4.5:
Bei der Zielplanung müssen der Zielinhalt, das Zielausmaß sowie der Planungszeitraum genau festgelegt werden.

Aufgabe 4.6:
Eine strategische Lücke entsteht, wenn mit der aktuellen Strategie die Ziele nicht mehr erreicht werden können. Zur Schließung dieser Lücke kann man folgende Strategien wählen: Marktdurchdringung, Markt-, Produktentwicklung und Diversifikation.

Aufgabe 4.7:
Eine Differenzierung kann einerseits über den Preis, andererseits über die Qualität, das Sortiment, den Innovationsgrad oder das Distributionsnetz erfolgen. Die Maßnahmen können sich hierbei entweder auf den gesamten oder nur auf einen Teilmarkt beziehen.

Aufgabe 4.8:
Zu beachten ist, dass es eine Vielzahl von Alternativen gibt, dass die einzelnen Instrumente nicht unabhängig voneinander sind und dass zeitliche und finanzielle Ressourcenbeschränkungen auftreten können.

Aufgabe 5.1:
Die Produktelemente setzen sich aus dem Produktkern, dem Produktäußeren, den dazu geleisteten Dienstleistungen sowie dem Image zusammen.

Aufgabe 5.2:
Der Produktinnovationsprozess beginnt, wenn man festgestellt hat, dass man mit dem bestehenden Sortiment seine Ziele nicht realisieren kann. Danach folgt die Ideengewinnung, die Grobbewertung der Ideen, die Wirtschaftlichkeitsanalyse, die Produktentwicklung sowie die Produkteinführung.

Aufgabe 5.3:

Mit Hilfe der Break-Even-Analyse kann man feststellen, ab welcher Menge das Produkt in die Gewinnzone kommt, d. h. sowohl seine Entwicklungs- und Markteinführungskosten als auch die laufenden Kosten der Produktion über entsprechende Umsätze wieder hereingespielt hat. Die Break-Even-Analyse ist sehr einfach durchführbar, trotzdem sollten ihre Schwächen, konstante Preise und Kosten, statische Analyse, keine Abzinsung der Zahlungsströme etc., nicht vernachlässigt werden.

Aufgabe 5.4:

Vor der Produkteinführung ist zu klären, wann der genaue Zeitpunkt der Markteinführung sein soll, wo das Produkt eingeführt ist und wer als Erster das Produkt geliefert bekommt.

Aufgabe 5.5:

Vorteile, die durch eine Produktdifferenzierung entstehen, sind zum Beispiel eine größere Marktabdeckung, eine stärkere Kundenbindung, Differenzierungsmöglichkeiten oder auch die Möglichkeit zu preispolitischen Aktivitäten.

Aufgabe 5.6:

Sinkende Umsätze, eine neue strategische Ausrichtung, veränderte Kundenwünsche oder auch eine sinkende Rentabilität können zu einer Produktelimination führen.

Aufgabe 5.7:

Produktnebenleistungen sind beispielsweise die Verteilung von Proben, die Einräumung eines Zahlungsziels, die Montage des Kaufobjekts, Service-Leistungen oder auch das Angebot von Schulungen.

Aufgabe 5.8:

Eine Sortimentsanalyse kann man entweder mit Hilfe einer Produktlebenszyklus-, bzw. einer Erfahrungskurven-Analyse oder mit Hilfe zweidimensionaler Diagramme durchführen. In diesen Diagrammen können z. B. die Umsatzanteile den benötigten Produktionskapazitäten, die Deckungsbeiträge den Kunden(-gruppen) oder die Rentabilitäten den Produktionskapazitäten gegenübergestellt werden.

Aufgabe 6.1:

Die Preiselastizität gibt das Verhältnis zwischen der relativen Mengenveränderung und der sie verursachenden relativen Preisvariation an. In Abhängigkeit von ihrer Höhe führt eine Preissenkung zu einer Ausweitung oder zu einer Reduktion des Umsatzes.

Aufgabe 6.2:

Bei der kostenorientierten Preisfindung wird entweder auf Voll- oder auf Teilkostenbasis der Preis ermittelt, der für die Zielrealisierung notwendig ist. Problematisch ist bei dieser Vorgehensweise, dass die Realisierungsmöglichkeiten unterschiedlicher Preis-Mengen-Kombinationen auf dem Markt völlig unberücksichtigt bleiben.

Aufgabe 6.3:

Zum Auffinden des Preises werden unterschiedliche Tests durchgeführt, um die relevanten Preis-Mengen-Kombinationen zu erhalten. Zu beachten ist hierbei, dass nicht nur der Preis, sondern auch andere Instrumente für die Höhe der Abverkaufsmenge verantwortlich sind.

Aufgabe 6.4:

Zu einer konkurrenzorientierten Preisbildung kommt man in der Regel in den Fällen, in denen ein Konkurrent den Markt und damit die Preisbildung beherrscht. Weiterhin findet man diese Art der Preisfestsetzung, wenn einige gleichstarke Anbieter den Markt dominieren.

Aufgabe 6.5:

Man hat die Wahl zwischen Skimming- und Penetrationspreisen. Skimming-Preise bedeuten, daß die Produkteinführung zunächst zu einem hohen Preis erfolgt, der dann sukzessive gesenkt wird. Der Vorteil dieser Vorgehensweise liegt darin, dass bereits sehr früh Gewinne erzielt werden können. Penetrationspreise sind dagegen von Anfang an bewußt niedrig gehalten, um möglichst schnell eine große Stückzahl verkaufen zu können und Kundenbindungen aufzubauen.

Aufgabe 6.6:

Bei den Rabatten kann man zwischen den Funktions-, Mengen-, Zeit- und Treuerabatten unterscheiden. In den einzelnen Gruppen gibt es dann wiederum verschiedene Rabattgestaltungen.

Aufgabe 6.7:

Bezüglich der Lieferbedingungen kann der Verkäufer dem Käufer bei der Lieferzeit, den Umtauschmöglichkeiten und der Frachtberechnung entgegenkommen. Bei den Zahlungsbedingungen sind insbesondere die Zahlungsweise, die Zahlungsziele sowie die Gewährung von Skonto zu beachten.

Aufgabe 6.8:

Bei der Absatzkreditpolitik spielen die Form der Kreditgewährung, die Kredithöhe, die Rückzahlungsmodalitäten sowie die Kreditkosten eine wesentliche Rolle.

Aufgabe 7.1:

Zur Wahl des Absatzweges kann man sagen, dass je direkter die Verbindung Hersteller und Kunde ist, desto teurer wird die Distribution. Andererseits nehmen die Steuerungs- und Kontrollmechanismen sowie die Möglichkeit des Gedankenaustauschs mit der Nähe zum Kunden zu.

Aufgabe 7.2:

Für einen direkten Absatz spricht zum Beispiel, wenn nur ein kleiner Abnehmerkreis vorhanden ist, der Kauf in größeren zeitlichen Abständen erfolgt, es sich um transportempfindliche Produkte handelt oder das Produkt sehr teuer ist, so dass es sich für den Händler aufgrund der hohen Kapitalbindung nicht rechnet.

Aufgabe 7.3:

Interne Institutionen für den Absatz könnten die Geschäftsführung, Reisende oder Verkaufsfahrer sein.

Aufgabe 7.4:

Der Handel, als Bindeglied zwischen Hersteller und Kunden, verkürzt die räumliche Distanz zwischen Hersteller und Kunde, stellt die Abgabemengen zur Verfügung, die der Kunde benötigt, bietet den Kunden nicht nur Produkte, sondern Sortimente und unterstützt den Hersteller bei Abverkaufsaktivitäten.

Aufgabe 7.5:
Beim Großhandel unterscheidet man zwischen C&C-Märkten (Abholgroßhandel), Sortiments- oder Spezialgroßhandel und Rack Jobbern.

Aufgabe 7.6:
Die Entscheidung Reisender oder Handelsvertreter sollte auf zwei unterschiedlichen Ebenen getroffen werden. Einerseits ist eine Kosten- bzw. Gewinnvergleichsrechnung, andererseits ein Vergleich der qualitativen Eigenschaften durchzuführen. Qualitative Eigenschaften sind u. a. die Beratungsleistung, die Beschwerdeabwicklung, das Fachwissen oder die Marktnähe.

Aufgabe 8.1:
Die Kommunikationspolitik wird üblicherweise in die vier Bereiche Werbung, Verkaufsförderung, Öffentlichkeitsarbeit und persönlicher Verkauf unterteilt.

Aufgabe 8.2:
Es sind folgende 8 Fragen zu beantworten:
Was soll beworben werden? Welche Ziele sollen erreicht werden? Welche Zielgruppen sollen angesprochen werden? Welches Werbebudget ist notwendig? Wie lautet die Werbebotschaft? Welche Werbemittel sollen eingesetzt werden? Welche Werbeträger sollen eingesetzt werden? Wie erfolgreich war meine Maßnahme?

Aufgabe 8.3:
Werbeziele können in streutechnische, psychologische und ökonomische Ziele unterteilt werden.

Aufgabe 8.4:

Die einzig richtige Vorgehensweise zur Bestimmung der Werbebudgets ist die Ableitung aus den Zielen. In der Praxis findet man dagegen immer wieder eine Orientierung am Umsatz, an der Konkurrenz oder an den eigenen finanziellen Mitteln. Diese Methoden sind aber nur zufällig zieladäquat.

Aufgabe 8.5:

Werbemittel sind die Ausgestaltung der Werbebotschaft und eine Kombination von Wort, Bild, Ton etc. Beispiele hierfür sind Anzeigen, Rundfunk- oder Fernsehspots. Werbeträger dienen dazu, die Werbemittel den Werbeempfängern mitzuteilen. Werbeträger sind z. B. Zeitungen, Zeitschriften, Fernseh- oder Rundfunksender etc.

Aufgabe 8.6:

Die Verkaufsförderungsmaßnahmen unterteilen sich in die handels-, die konsumenten- und die verkaufspersonalorientierten Maßnahmen.

Aufgabe 8.7:

Vorteile des Direktmarketing sind u. a. die geringen Streuverluste, die leichte Erfolgskontrolle, die flexible Handhabung und die personifizierte Ansprache.

Aufgabe 8.8:

Beispiele für verhaltensbezogene Kriterien sind die gewählten Preisklassen, die typischen Einkaufsstätten, die Markenwahl, die typische Einkaufszeit oder die Kauffrequenz.

Aufgabe 9.1:

Marketing-Controlling ist ein Unterstützungssystem für das Marketingmanagement in den Bereichen Planung, Steuerung und Analyse. Ziel ist die Bereitstellung und Koordination von benutzerrelevanten Informationen.

Aufgabe 9.2:

Eine Möglichkeit, eine Planfortschrittskontrolle durchzuführen bietet der

Ansatz der Zieltrajektorie. Hierbei wird der Zielerreichungsgrad für verschiedene Zeitabschnitte festgelegt, wobei dies nicht nur für die Zielgröße, sondern auch für die Instrumente, mit deren Hilfe das Ziel erreicht werden soll, durchgeführt wird.

Aufgabe 9.3:
Das Marketing-Audit kann in das Prämissen-, das Ziel- und Strategie-, das Maßnahmen und das Prozess- und Organisationsaudit unterteilt werden.

Aufgabe 9.4:
Im Rahmen des Ziel- und Strategieaudits wird überprüft, ob die Umweltadäquanz des Zielsystems und die Ziel- und Umweltadäquanz der Strategien noch gegeben sind.

Aufgabe 10.1:
Die Aufbauorganisation kann entweder produkt-, gebiets- oder kundenorientiert sein.

Aufgabe 10.2:
Die Ablauforganisation muss den Produktmanagern ein Höchstmaß an Selbständigkeit einräumen, damit diese auch kurzfristig auf Chancen bzw. Risiken reagieren können.

Aufgabe 10.3:
Der Produktmanager soll Produktspezialist und Funktionsgeneralist sein. Darüber hinaus muss er über ein Höchstmaß an sozialer Kompetenz verfügen, damit er seine Aufgaben erfüllen kann.

Aufgabe 10.4:
Schnittstellenmanagement bezieht sich auf die abteilungsübergreifende Zusammenarbeit. Zur Erreichung der Unternehmensziele ist es notwendig, dass nicht nur abteilungs- sondern unternehmensweit gedacht und gehandelt wird.

Aufgabe 11.1:

E-Commerce betrachtet alle Transaktionen auf elektronischen Marktplätzen, wohingegen E-Business alle Geschäftsbereiche umfasst.

Aufgabe 11.2:

Der Nettonutzen ergibt sich als Summe aus: Produktnutzen, Nutzen durch Zusatzleistungen, Nutzen durch Mitarbeiter und Nutzen durch Image. Die Summe des Aufwands umfasst den monetären, den zeitlichen, den physischen und den psychischen Aufwand.

Aufgabe 11.3:

Ansatzpunkte ergeben sich u. .a durch eine stärkere Individualisierung des Angebots sowie durch eine gezieltere Innovationspolitik.

Aufgabe 11.4:

Unter physischem Aufwand versteht man in erster Linie den Aufwand, der durch die Reisen zu den Geschäftspartnern oder Händlern entsteht.

Literaturempfehlungen

Backhaus, K.: Industriegütermarketing, 6. überarb. Aufl., München 1999

Bänsch, Axel: Käuferverhalten, 8. durchges. und erg. Aufl., München Wien 1998

Berekoven, L./Eckert, W./Ellenrieder, P.: Marktforschung, 9. Aufl. Wiesbaden 2001

Berndt, R. Marketing 2, 3. Aufl. Berlin u. a. 1995

Esch, F.-R. (Hrsg.): Moderne Markenführung, 3. akt. und erw. Aufl., Wiesbaden 2001

Köhler, R.: Beiträge zum Marketing-Management, 3. Aufl., München 1993

Kotler, P./Bliemel, F.: Marketing-Management, 9. Aufl., Stuttgart 1999

Kroeber-Riel, W./Weinberg, P.: Konsumentenverhalten, 7. Aufl., München 1999

Meffert, H.: Marketing, 9. überarb. Aufl. Wiesbaden 2000

Meffert, H.: Marketing-Management, Wiesbaden 1994

Meffert, H./Bruhn, M.: Dienstleistungsmarketing, 3. überarb. und erw. Aufl., Wiesbaden 2000

Nieschlag, R./Dichtl, E./Hörschgen, H.: Marketing, 18. neu bearb. Aufl., Berlin 1997

Trommsdorff, Volker: Konsumentenverhalten, 3. Aufl., Stuttgart Berlin Köln 1998

Stichwortverzeichnis

Gabler Marketing-Lehrbuch-Highlights

Klaus Barth/Michaela Hartmann/
Hendrik Schröder
**Betriebswirtschaftslehre
des Handels**
5., überarb. u. erw. Aufl.
2002. ca. 500 S.
Br. ca. € 49,00
ISBN 3-409-53326-5

Carsten Baumgarth
Markenpolitik
Markenwirkungen – Markenführung –
Markenforschung
2001. XVI, 380 S.
Br. € 34,00
ISBN 3-409-11666-4

Martin Benkenstein
**Entscheidungsorientiertes
Marketing**
Eine Einführung
2001. XII, 393 S.
Br. € 34,00
ISBN 3-409-12262-1

Ludwig Berekoven/
Werner Eckert/Peter Ellenrieder
Marktforschung
Methodische Grundlagen
und praktische Anwendung
9., überarb. Aufl. 2001. 449 S.
Br. € 44,50
ISBN 3-409-36990-2

Manfred Bruhn
Marketing
Grundlagen für Studium und Praxis
5., überarb. Aufl. 2001. 331 S.
Br. € 24,90
ISBN 3-409-53646-9

Manfred Bruhn
Marketing interaktiv
Grundlagen für Studium und Praxis
1999. CD-ROM € 34,00*
ISBN 3-409-19841-5

Manfred Bruhn
Marketingübungen
Basiswissen, Aufgaben, Lösungen.
Selbständiges Lerntraining
für Studium und Beruf
2001. 339 S.
Br. € 24,00
ISBN 3-409-11640-0

Franz-Rudolf Esch (Hrsg.)
Moderne Markenführung
Grundlagen – Innovative Ansätze –
Praktische Umsetzungen
3., akt. u. erw. Aufl. 2001.
XX, 1274 S.
Geb. € 49,00
ISBN 3-409-43642-1

Wolfgang Fritz
Internet-Marketing und
Electronic Commerce
Grundlagen – Rahmenbedingungen –
Instrumente. Mit Praxisbeispielen
2., überarb. u. erw. Aufl. 2001. 260 S.
Br. € 29,00
ISBN 3-409-21663-4

Andreas Herrmann,
Christian Homburg (Hrsg.)
Marktforschung
Methoden – Anwendungen –
Praxisbeispiele
2., akt. Aufl. 2000. 1152 S.
Geb. € 49,00
ISBN 3-409-22391-6

Christian Homburg/Harley Krohmer
Marketingmanagement
Strategie – Instrumente – Umsetzung –
Unternehmensführung
2002. ca. 900 S.
Geb. ca. € 49,00
ISBN 3-409-12263-X

Alfred Kuß
Marketingeinführung
Grundlagen – Überblick – Beispiele
2001. X, 298 S.
Br. € 24,00
ISBN 3-409-11791-1

Alfred Kuß/Torsten Tomczak
Marketingplanung
Einführung in die marktorientierte Unter-
nehmens- und Geschäftsfeldplanung
2., überarb. u. erw. Aufl. 2001. X, 262 S.
Br. € 29,00
ISBN 3-409-23683-X

Roland Mattmüller
Integrativ-Prozessuales Marketing
Eine Einführung. Mit durchgehender
Schwarzkopf&Henkel-Fallstudie
2000. 402 S.
Br. € 34,00
ISBN 3-409-11427-0

Marcus Pradel
Dynamisches
Kommunikationsmanagement
Optimierung der Marketing-
kommunikation als Lernprozess
2001. XII, 427 S.
Br. € 49,00
ISBN 3-409-11746-6

Hermann Sabel/Christoph Weiser
Dynamik im Marketing
Umfeld – Strategie – Struktur – Kultur
3., überarb. u. erw. Aufl. 2000.
XVI, 513 S.
Br. € 39,00
ISBN 3-409-33667-2

*unverb. Preisempfehlung
Änderungen vorbehalten. Stand: März 2002.

Gabler Verlag · Abraham-Lincoln-Str. 46 · 65189 Wiesbaden · www.gabler.de

GABLER